CHAKRAS

Ganesha Mantra

गजाननम् भूत गणादि सेवितम्
कपित्थ्यजम्बू फल चारु भक्षणम्
उमा सुतम् शोक विनाश कारकम्
नमामि विघ्नेश्वर पाद पंकजम्

HARISH JOHARI

CHAKRAS
Centros de Energia de Transformação

Tradução
MARCIA EPSTEIN FIKER

Editora
Pensamento
SÃO PAULO

Título do original: *Chakras – Energy Centers of Transformation.*

Copyright © 2000 Pratibha Johari.

Publicado pela primeira vez nos USA por Destiny Books, uma divisão da Inner Traditions International, Rochester, Vermont.

Publicado mediante acordo com a Inner Traditions International.

Copyright da edição brasileira © 2010 Editora Pensamento-Cultrix Ltda.

1ª edição 2010.
9ª reimpressão 2024.

Todos os direitos reservados. Nenhuma parte desta obra pode ser reproduzida ou usada de qualquer forma ou por qualquer meio, eletrônico ou mecânico, inclusive fotocópias, gravações ou sistema de armazenamento em banco de dados, sem permissão por escrito, exceto nos casos de trechos curtos citados em resenhas críticas ou artigos de revistas.

A Editora Pensamento não se responsabiliza por eventuais mudanças ocorridas nos endereços convencionais ou eletrônicos citados neste livro.

Coordenação editorial: Denise de C. Rocha Delela e Roseli de S. Ferraz.

Revisão técnica: João Carlos Barbosa Gonçalves

Dados Internacionais de Catalogação na Publicação (CIP)
(Câmara Brasileira do Livro, SP, Brasil)

Johari, Harish
  Chakras : centros de energia de transformação / Harish Johari; tradução : Marcia Epstein Fiker. – São Paulo: Pensamento, 2010.

  Título original: Chakras : energy centers of transformation.

  ISBN 978-85-315-1636-8

  1. Chacras 2. Cuidados pessoais com a saúde 3. Cura 4. Medicina alternativa I. Título.

10-02300   CDD-615.85

Índices para catálogo sistemático:

1. Chacras : Cura vibracional : Terapias alternativas   615.85

Direitos de tradução para o Brasil
adquiridos com exclusividade pela
EDITORA PENSAMENTO-CULTRIX LTDA.
Rua Dr. Mário Vicente, 368 – 04270-000 – São Paulo, SP
Fone: (11) 2066-9000
E-mail: atendimento@editorapensamento.com.br
http://www.editorapensamento.com.br
que se reserva a propriedade literária desta tradução.
Foi feito o depósito legal.

Sumário

Agradecimentos 7
Introdução 9

1 Princípios do Tantra-Yoga 15

2 Kundalini e Yoga 31

3 Os Aspectos Básicos dos Chakras 83
    Chakra Muladhara (Primeiro Chakra) 105
    Chakra Svadhishthana (Segundo Chakra) 117
    Chakra Manipura (Terceiro Chakra) 129
    Chakra Anahata (Quarto Chakra) 137
    Chakra Vishuddha (Quinto Chakra) 149
    Chakra Ajna (Sexto Chakra) 159
    Chakra Soma 167
    Chakra Sahasrara (Sétimo Chakra) 173

4 Chakras, renascimento e espiritualidade 179

Apêndice:
Extratos de escrituras hindus sobre os diversos estágios
do yoga 185

Glossário 195

Agradecimentos

Eu gostaria de agradecer a Pieter Weltevrede por preparar os croquis de desenhos e pinturas do primeiro ao sexto chakras para esta edição, que foram baseados em desenhos e pinturas clássicas dos chakras feitos por Sandeep Johari. Sou muito grato ao meu professor Shri C. Bal, que orientou tanto Sandeep como Pieter no preparo dessas ilustrações coloridas e a Heidi Rauhut pelo preparo da primeira cópia do texto revisado desta edição.

Sou muito grato a S. S. Shripadji, Ganesh Baba e Acharya Chandrashakhar Shastri, por seus esclarecimentos e orientações em relação a vários assuntos e por enriquecer meu conhecimento por meio dos seus ensinamentos, bênçãos e presença, que me inspiraram a empreender a obra.

Finalmente, agradeço a todos os meus amigos e alunos, cujas valiosas sugestões me ajudaram a preparar este livro e espero que ele, por sua vez, seja útil como um guia de chakras.

❦

Harish Johari deixou o seu corpo no dia 20 de agosto de 1999, em sua casa, na cidade sagrada de Haridwar. Pratibha Johari, membros da família e os alunos de Harish gostariam de agradecer ao editor, Ehud C. Sperling, por tornar possível dar continuidade ao trabalho de Harish. Um muito obrigado também aos editores, Jeanie Levitan e Nancy Yeilding, pela colaboração intensiva com esta edição.

Attachments

Introdução

Este livro é uma introdução ao conhecimento clássico dos chakras, os quais são muito simplesmente definidos como centros psíquicos de transformação que possibilitam a passagem para um estado de ser iluminado. Embora as raízes do conhecimento sobre os chakras sejam antigas, esse conhecimento ainda é funcional e prático nos dias de hoje. *Chakra* é uma palavra sânscrita que significa "uma roda, um disco, ou qualquer arranjo em forma ou organização circular". As fontes antigas retratam cada um dos sete chakras principais como uma flor de lótus, uma forma circular circundada por pétalas, conforme ilustrado no Capítulo 3, "Os Aspectos Básicos dos Chakras". A palavra *chakra* também indica movimento. Os chakras introduzem movimento porque transformam a energia psicofísica em energia espiritual.

A energia psicofísica é eletroquímica por natureza e funciona com a ajuda do *prana*. *Prana* é a energia que cria vida, matéria e mente. A palavra *prana* significa "força vital". Embora o nosso organismo inale *prana* através das narinas quando respiramos, a energia dinâmica de *prana* não é baseada no sistema fisioquímico do corpo; ela opera além do físico por meio de um sistema "sem fio", mais do que pelo sistema nervoso.

Nosso corpo existe em dois níveis. O nível denso material é composto de sete *dhatus* (carne, ossos, tecido reprodutivo, sangue, gordura, medula, fluidos) e dos cinco elementos (terra, água, fogo, ar e *akasha* – o vazio ou espaço). O nível sutil é composto da força vital (*prana*), mente (*manas*), intelecto (*buddhi*), ego (*ahamkara*) e a consciência distintiva (*chitta*). *Prana* é o meio pelo qual o sutil e o denso no organismo humano são conectados. Ele ativa todos os sistemas no corpo, incluindo o sistema nervoso e os ajuda a funcionar conjuntamente de maneira adequada.

O *prana* é distribuído por todo o corpo pelas nadis, ou canais de energia. O sistema de transporte das nadis pertence ao corpo sutil e os chakras estão conectados com a principal nadi desse sistema, a Sushumna, que opera dentro da coluna vertebral (espinal). Os chakras, assim, não pertencem ao corpo material, e não podem ser descritos de maneira completa a partir de um ponto de vista materialista. Assim como uma pintura não pode ser descrita meramente da perspectiva de suas linhas, curvas ou pelas várias nuanças de cor, mesmo que se possa dizer que esses elementos formem sua estrutura básica, os chakras não podem ser definidos a partir da fisiologia, ou por meio de qualquer ciência física, como a neuroquímica. Entretanto, os chakras não são centros imaginários; eles são centros sutis que podem ser ativados pelas técnicas descritas neste livro.

Os chakras estão ativos o tempo todo, quer estejamos conscientes ou não deles. A energia influenciada pelos elementos (terra, água, fogo, ar e *akasha*) se move pelos chakras, produzindo diferentes estados psíquicos. Esses elementos (*tattvas*) estão constantemente se movendo com a respiração dentro do corpo e influenciando o nosso temperamento. (Essas mudanças são entendidas pelos neurobiólogos como mudanças químicas produzidas pelas glândulas endócrinas, glândulas de secreção interna, cujas secreções se misturam na corrente sanguínea do corpo de maneira direta e instantânea.) Com treinamento, é possível observar a si mesmo e ver a energia se movendo através desses vários centros psíquicos. No Capítulo 3, "Os Aspectos Básicos dos Chakras", explicaremos com minúcias os atributos e efeitos dos chakras. Além disso, serão exploradas as características do comportamento relacionadas aos chakras que, em geral, não são encontradas nos livros sobre o tema.

Existem sete chakras principais associados a áreas do corpo e aos elementos, que são:

1. **O chakra Muladhara: a base da coluna vertebral e o elemento terra**
2. **O chakra Svadhishthana: os genitais e o elemento água**
3. **O chakra Manipura: o umbigo e o elemento fogo**

4. O chakra Anahata: o coração e o elemento ar
5. O chakra Vishuddha: a garganta e o elemento *akasha* (vazio ou espaço)
6. O chakra Ajna: o ponto entre as sobrancelhas e *mahatattva*, a combinação da essência de todos os elementos em sua forma mais pura
7. O chakra Sahasrara: a coroa da cabeça, transcendendo toda influência elemental; inclui o chakra Soma, associado à área acima do "terceiro olho" ou ponto entre as sobrancelhas.

O conhecimento sobre os chakras enquanto centros psíquicos pode ser uma chave valiosa para a introspecção. Podemos perceber a nós mesmos atravessando flutuações mentais que surgem de uma interação constante entre a mente, o intelecto, o ego e o mundo externo. Logo no início de seu *Yoga-Sutra*, Patanjali afirma: "Yoga é controlar essas flutuações mentais." O controle dessas modificações mentais só é possível pelo controle do *prana*. Portanto, o controle do *prana*, chamado *pranayama*, é o passo básico no caminho espiritual do Yoga. O Yoga oferece instruções nas práticas espirituais (*sadhana*) que tornam o aspirante o melhor amigo do seu próprio corpo.

Este livro é sobre as práticas do Tantra-Yoga, também chamado Maha-Yoga, a origem principal do sistema do trabalho com chakras e com a energia dormente da Kundalini. Por meio da prática yogue, ganhamos a habilidade de empregar a menor energia fisioquímica possível para a ação mental e de manter a vitalidade do corpo. Isso nos capacita a desviar a energia prânica (do *prana*) para a ativação da nossa própria energia espiritual dormente, chamada Kundalini. Esta energia em seu estado dormente é visualizada como uma cobra enrolada no primeiro chakra na base da espinha, o chakra Muladhara.

Quando um aspirante (*sadhaka*) do Yoga começa a ativar a energia Kundalini por meio dos vários tipos de *pranayamas*, o sistema das nadis é vitalizado. A energia despertada move-se de modo ascendente na nadi central, a sushumna, passando por cada um dos seis chakras inferiores até atingir o sétimo, o chakra Sahasrara. Esse progresso é conhecido como shat-chakra-bhedana (perfuração dos seis chakras). A libertação e ascensão da energia espiritual dormente possibilitam ao aspirante transcender os efeitos dos elementos e atingir a consciência não dual, que traz libertação da inconstância do mundo da ilusão (*maya*).

Alguns professores e guias espirituais, agentes de cura e pensadores ocidentais dizem que lidar com "coisas de chakras" é perigoso e que o despertar súbito da Kundalini sem preparação adequada pode criar problemas. Eles assustam muita gente sem necessidade. Como veremos no Capítulo 2, "Kundalini e Yoga", o despertar da Kundalini é a ativação de uma energia ascendente. É verdade que a ascensão da Kundalini está associada com a retirada do *prana* e a suspensão da respiração, que pode ser conseguida com a prática de *pranayama*. Entretanto, a menos que sejam empregadas outras práticas yogues, essa suspensão da respiração é temporária, terminando com a inalação seguinte. Aqueles que desejam trabalhar com meditação nos chakras não deveriam se preocupar; a energia da Kundalini não é despertada apenas pela meditação. Mesmo se for despertada, sua ascensão não porá em risco o organismo vivo. Devemos notar também que o despertar súbito da Kundalini por emoções extremas, tais como uma intensa alegria ou pesar pode acontecer com qualquer pessoa a qualquer momento. As energias no corpo estão sempre em funcionamento, mas se estiverem sob nosso controle, conforme aprenderemos neste livro, poderemos ter mais liberdade.

Os ensinamentos deste livro vêm do meu pai, que praticou a penetração dos seis chakras (*shat-chakra-bhedana*); além disso, eles vêm de diferentes escrituras tântricas, os escritos de santos e diversos rolos de pergaminhos que descrevem os chakras de muitas maneiras diferentes. Para ajudar na compreensão de conceitos antigos, eu acrescentei muitos desenhos e diagramas, com a esperança de enriquecer o conhecimento das pessoas e ajudá-las a compreender a antiga tradição indiana do Tantra em um contexto moderno.

Cada uma das ilustrações deste livro são fac-símiles de textos e pergaminhos tântricos ilustrados. As ilustrações dos chakras falam por si e sobre si, auxiliando o aspirante na visualização dos chakras. Uma descrição acompanha cada chakra, explicando o simbolismo delineado nas ilustrações. A concentração nos órgãos ou localizações físicas, conforme prescritas por muitos mestres espirituais, é enganosa, porque os chakras não são materiais. Assim as ilustrações fornecidas aqui são um artifício inestimável para que se tente visualizar os chakras enquanto se medita neles.

Um dos hemisférios duplos no cérebro humano é visual e o outro é verbal. O hemisfério visual opera com as imagens dos chakras apresentados nas ilustrações, especialmente planejadas para serem coloridas. O conselho mais adequado ao verdadeiro aspirante é se concentrar nas divindades dos chakras, que representam diferentes aspectos da consciência e, desse modo, entrar em contato com aqueles estados de consciência característicos de cada chakra. O hemisfério verbal é requerido quando as sílabas seminais (*bija mantras*), que estão associadas a cada um dos chakras, são simultaneamente repetidas. Por meio da repetição das sílabas seminais, as divindades que estão presentes em forma de som tornam-se vivas e o aspirante pode vivenciar a sua presença.

Utilizar as faculdades da audição e da visão conjuntamente (*mantra* e *yantra*) é *tantra*. De maneira sutil, recebemos informação e inspiração das formas, cores e sons. Podemos tornar o corpo um verdadeiro recurso ao treinar nossos órgãos motores e sensoriais com a disciplina fornecida pelas práticas yogues, que envolvem respiração, repetição de sons especiais (*mantra japa*) e concentração. Aquele que domina esta prática irá se descobrir num estado meditativo, sem estar inerte nem inativo.

O Tantra estudou os chakras como centros de transformação em todos os estratos sociais e desenvolveu o sistema do Tantra-Yoga para trazer felicidade e alegria na vida mundana, bem como a evolução espiritual. O Tantra-Yoga é para qualquer um que tenha uma coluna vertebral, duas narinas, boa concentração e poder de visualização.

1

Princípios do Tantra-Yoga

As escrituras do Tantra-Yoga ou Yoga Tântrico são diálogos entre Shiva, a suprema consciência infinita, e Shakti, a mãe divina, a eterna energia da suprema consciência. Quando Shakti se torna manifesta como contraparte de Shiva, para encenar o seu *lila* divino (esporte, jogo) no tempo e no espaço, ela pergunta a ele acerca de métodos de viver em paz e de usar a própria vida de um modo produtivo. Para quem não tem profundidade de visão, é difícil compreender a verdade dos ensinamentos sagrados (védicos); sabendo disso, Shiva os simplifica e modifica. Ao incorporar novos processos e práticas, ele torna os ensinamentos mais adaptáveis, práticos, cativantes, poderosos e acessíveis a um número maior de filhos amados da mãe divina. Essa versão simplificada dos ensinamentos sagrados foi denominada de Tantra-Yoga pelos seguidores de Shakti.

No Tantra-Yoga, o aspirante deve ver a si mesmo como um microcosmos. Nesse caso, não é preciso procurar nada além de si mesmo; o corpo é o nosso próprio instrumento. A jornada não está fora, mas dentro, começando no chakra Muladhara, nossa própria base, onde a energia espiritual está dormente e enrolada. Essa energia espiritual é a própria mãe divina Shakti em forma de Kundalini. Ela anseia pela união com o seu amado, o supremo Shiva, que se encontra em eterna bem-aventurança no chakra Sahasrara, localizado no topo do crânio. O despertar de Shakti é retardado pela constante atividade mental, que atrai o aspirante ao mundo das percepções sensoriais, na busca da satisfação dos seus desejos. Na vida cotidiana, a mente costuma estar envolvida com a existência material, sem ir além da fronteira sensorial. A mente percebe o mundo, pensa, decide, deseja e sente prazeres e dores. Ela serve ao factor do eu.[1] As práticas tântricas levam a mente ao seu aspecto mais elevado, onde ela fecha completamente a porta ao mundo e não deseja, pensa ou decide, mas compreende a verdade suprema e, assim, funde-se com a suprema consciência.

O Tantra é uma abordagem prática da verdade que está além das palavras. Ele lida com a energia psicofísica de uma pessoa: em primeiro lugar, dirigindo-a para o seu funcionamento correto e, a seguir, transformando essa energia em energia espiritual, de modo que uma experiência direta da verdade se torne possível. O Tantra sabe que o organismo humano é capaz de realizar a verdade além do reino da percepção sensorial. Com a ajuda da memória, da imaginação e da intuição, uma pessoa pode compreender as leis da natureza e canalizar forças que seriam, de outro modo, misteriosas, para trabalhar para o próprio benefício, crescimento e desenvolvimento. Com a sincronização perfeita dos ritmos exterior e interior, pode-se seguir o caminho da menor resistência e fluir livremente no oceano do mundo fenomenal sem se afundar. Para ser exato, o corpo humano é o instrumento mais perfeito para a expressão da consciência.

Os principais centros de consciência nos seres humanos são encontrados no sistema cerebrospinal e no cérebro superior. O sistema cerebrospinal é a primeira parte do organismo que se desenvolve depois da concepção. A partir dele, toda a forma corporal se materializa. Esse sistema é um grande gerador de energia elétrica e tem uma rede fantástica de nervos que servem de conectores. O cérebro, como é chamada a parte superior desse sistema, produz energia elétrica de maneira contínua. Por intermédio dos nervos, essa energia é suprida de modo constante ao organismo, proporcionando força vital. Na parte posterior e na base no crânio encontra-se o cerebelo, o cérebro inferior, o órgão da mente subconsciente. Este também é conhecido como o cérebro mecânico, ou cérebro reptiliano. O cérebro superior, uma formação mais tardia em comparação ao cérebro inferior, é mais aberto à mudança.

---

[1] Em sânscrito, *ahamkâra*, o sentido de individuação, o ego.

O funcionamento de todo o corpo humano é controlado pelo sistema cerebrospinal e os chakras são ativados por meio desse sistema. Por muitos séculos, o conhecimento sobre esses centros psíquicos tem sido transmitido pela tradição tântrica hindu. A convicção yogue é de que para um funcionamento equilibrado, deve existir uma harmonia adequada entre os dois cérebros: o cérebro superior (o organismo da consciência) e o cérebro inferior (a sede da mente subconsciente).

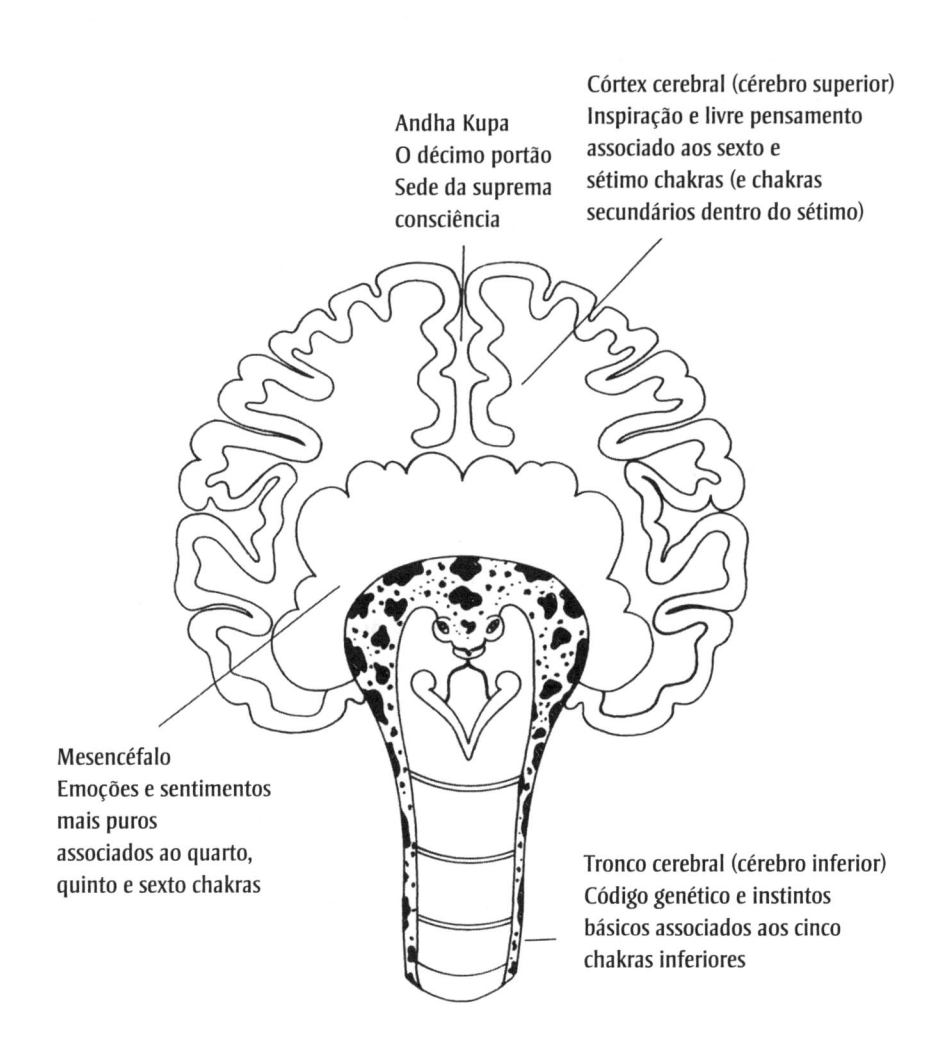

Andha Kupa
O décimo portão
Sede da suprema
consciência

Córtex cerebral (cérebro superior)
Inspiração e livre pensamento
associado aos sexto e
sétimo chakras (e chakras
secundários dentro do sétimo)

Mesencéfalo
Emoções e sentimentos
mais puros
associados ao quarto,
quinto e sexto chakras

Tronco cerebral (cérebro inferior)
Código genético e instintos
básicos associados aos cinco
chakras inferiores

Diagrama do cérebro, suas funções e sua relação com os chakras

Os estudos modernos dos cérebros superior e inferior apontam na direção de um conflito interno entre os dois e relacionam esse conflito a padrões de comportamento que são influenciados e afetados por ele. Esses estudos também apontam na direção de uma dicotomia básica na natureza humana. Essa dicotomia assume uma forma concreta na presença dos dois hemisférios na parte superior do cérebro (o grande cérebro). Os seres humanos existem nessa dualidade e se tornam vítimas de incontáveis problemas e complexos. Para resolver essa dicotomia, a solução mais prática e plausível parece ser criar uma união entre as partes superior e inferior do cérebro e entre seus hemisférios direito e esquerdo. A união equilibrada é atingida por meio de um trabalho constante nesses quatro componentes. Assim, um requisito básico para o desenvolvimento espiritual é um estudo sistemático das atividades e funções do organismo humano em funcionamento.

Muitas investigações científicas foram baseadas no estudo de cadáveres ou pessoas doentes, dos quais não são obtidos dados de vida ou saúde. Em contrapartida, as ciências antigas do Tantra e do Yoga fizeram estudos holísticos do organismo humano saudável. Entretanto, os resultados de sua pesquisa ainda não foram amplamente correlacionados com os experimentos e explorações da medicina ocidental. Não obstante, em anos recentes tem havido uma maior aceitação e uma aplicação mais ampla de exercícios e controle da respiração em medidas pós-operatórias e preventivas, práticas que foram traduzidas diretamente das tradições tântricas e yogues e adaptadas com sucesso para o benefício dos contemporâneos. Não obstante, para obter um pleno entendimento do ser humano, não apenas as dimensões físicas, mas também as psíquicas devem ser examinadas de um modo completo.

Acredita-se que o Yoga seja o primeiro sistema por meio do qual a união transcendental foi buscada com sucesso. A palavra *yoga* é derivada da raiz sânscrita *yuj*, que significa "unir", "juntar", "agregar". Se considerada em um nível físico material, a união é entre o cérebro superior e o cérebro inferior, o consciente e o subconsciente. Em um nível sutil, a união é entre a consciência individual e a consciência cósmica (isto é, a alma se unindo com Deus). O Yoga apresenta um sistema que cria o estado de unificação dos processos mentais e da consciência. O Yoga é baseado em disciplinas e exercícios específicos por meio dos quais a união das consciências cósmica e individual pode ser obtida por qualquer pessoa que escolha aderir ao sistema prescrito. Segundo o Yoga, a consciência individual é uma expressão da consciência cósmica, realidade divina, a fonte, o substrato do universo manifesto. Em essência, a consciência cósmica e a individual são uma coisa só; ambas constituem a consciência, que é indivisível. Mas as duas são separadas pela subjetividade, o factor do eu do indivíduo. A realização da própria natureza divina traz alívio para a armadilha de nossa própria natureza animal, que causa a subjetividade e a visão limitada. Na linguagem do Yoga, isso é chamado de "armadilha da mente". Só depois da dissolução da consciência individual é que acontece a união com a consciência cósmica.

No Yoga, o termo "mente" é usado num contexto inteiramente diferente do da psicologia moderna, em que indica o aspecto funcional do cérebro, responsável pelo pensamento, pela volição e pelos sentimentos. O cérebro é considerado uma realidade material que é um instrumento da mente, mas a própria mente não tem realidade material. Assim, os cientistas modernos se empenham na busca de uma realidade não material no cérebro material e seu duplo hemisfério. Eles buscam pela psique. A essência da sabedoria antiga lança muito mais luz nessa questão e, se pesquisada e correlacionada de maneira apropriada, tem muito a oferecer nesse campo. Nos domínios da psicologia e da ciência médica modernas, as revelações antigas foram compreendidas até certo ponto. E de certo modo, alguns cientistas estão fazendo pesquisas pioneiras sobre as correlações entre esse antigo conhecimento e suas próprias observações.

Na época atual, buscamos harmonia entre o enfoque racional e a abordagem emocional ou devocional da psique humana. Os métodos empregados pelos dois sistemas, o moderno e o antigo, têm uma diferença básica de enfoque. Os yogues abordam a psique buscando a sua causa na mente e na consciência. Os psicólogos, por outro lado, procuram defini-la por meio do estudo do comportamento. A fórmula original yogue é descobrir o Si Mesmo por meio da autoinvestigação; o enfoque dos cientistas hoje é observar os outros e não o Si Mesmo, que se encontra em todos. Psicólogos e outros cientistas envolvidos com a compreensão da consciência estudam indivíduos e grupos para determinar as várias dimensões da mente. O Yoga não apenas descreve todos os estados mentais, aspectos e dimensões possíveis dentro do indivíduo, mas também defende jogos práticos para serem aplicados à mente, para controlar seu funcionamento, adquirir paz e libertar a pessoa das angústias e do sofrimento causados pelas flutuações e modificações mentais. São inerentes ao Yoga os artifícios práticos por meio dos quais podemos ir além do modo normal de funcionamento mental.

Além de sua importância no desenvolvimento espiritual do indivíduo, a filosofia do Yoga tem um valor moral e é muito útil na vida diária. Nos princípios yogues encontram-se o fundamento para melhores relacionamentos humanos e paz coletiva. Um conceito yogue básico é afirmado na máxima: "Que todos sejam felizes, que todos vivam em paz" ("sarve bhavantu sukhinah, sarve santu niramayah").

Os princípios estabelecidos pela filosofia yogue são universais e proporcionam a oportunidade para o desenvolvimento e progresso completos de todas as faculdades mentais. Eles proporcionam ao aspirante a habilidade de deter todas as modificações mentais à vontade. A prática constante de autocontrole ajuda o aspirante a se tornar centrado e sereno. Ela também acalma o diálogo interior sem esforço. O fruto da prática yogue (*sadhana*) é a capacidade de se elevar acima das aflições e transcender as faculdades cognitivas, o mundo perceptual e o apego ao corpo e aos sentidos. Ela proporciona à mente uma orientação unidirecional costumeira, uma atenção ininterrupta, a paz permanente, mudança nos padrões de comportamento e, finalmente, a iluminação.

A orientação unidirecional é um atributo especialmente útil nesta época acelerada e de alta tecnologia. A paz dentro de nós e à nossa volta, sem distrações e perturbações, é essencial para a autoexpressão. Em termos individuais, precisamos compreender o nosso potencial latente. Precisamos da autodescoberta. Além disso, precisamos compreender a nós mesmos como um microcosmo e entender a nossa relação com o macrocosmo. Todas as ciências físicas tendem a dividir a realidade em muitas partes, ao passo que as ciências espirituais focam e percebem a unidade dentro da diversidade. Embora seja, de fato, necessário estudar parte por parte, é também necessário criar um todo a partir dessas partes e reconhecer o nosso próprio lugar em relação ao lugar dos outros, que são partes semelhantes. O individualismo exacerbado, a subjetividade e a atenção aos próprios interesses criam véus e fecham as janelas da abertura mental. Uma ênfase excessiva no eu individual alimenta sentimentos de solidão e pessimismo. Ao reconhecer isso, o sistema do Yoga identificou e classificou cinco estados mentais.

Os cinco estados da mente

1. Autismo (*kshipta*)

Neste estado a pessoa não tem nem paciência nem a inteligência necessária para contemplar um objeto supersensível e, por esse motivo, não pode pensar nem compreender nenhum princípio sutil. Devido à intensa inveja ou malícia, a mente pode, às vezes, estar num estado de concentração, mas esta não é a concentração yogue.

2. Estupor (*mudha*)

Nesse estado mental, a obsessão com alguma questão relacionada aos sentidos incapacita a pessoa para pensar em princípios sutis. Um exemplo é alguém absorto em pensamentos sobre a família ou riqueza ao ponto da exacerbação.

3. Inquietação (*vyagra*)

Este estado não deve ser equiparado ao estado *kshipta*. A maioria dos devotos espirituais tem, em essência, este tipo de mente: uma mente que às vezes pode estar calma e, outras vezes, perturbada. Uma mente inquieta, quando se acalma de modo temporário, pode compreender a natureza verdadeira de princípios sutis ao escutar sobre eles e pode contemplá-los por um período longo. Embora a concentração seja possível com uma mente inquieta, ela não é duradoura. A libertação não pode ser garantida somente por meio da concentração quando a mente é, de hábito, inquieta, porque quando a concentração cessa, a distração surge outra vez. Até que a mente esteja livre de distrações e uma orientação unidirecional se desenvolva, o estado de salvação é impossível de ser atingido.

4. Orientação unidirecional (*ekagra*)

Patanjali, o compilador do *Yoga-Sutras*, definiu-o como um estado mental no qual assim que um pensamento desaparece outro pensamento se segue; quando há uma contínua sucessão desses pensamentos, a mente é chamada de "unidirecional". Aos poucos, isso se torna um hábito da mente na consciência desperta e até mesmo no estado de sonhos. Quando a pessoa adquire domínio da orientação unidirecional, ela atinge a concentração superconsciente (*samprajnata samadhi*). Este *samadhi* (não dualidade realizada) é o verdadeiro *samadhi* yogue, que leva à salvação.

5. Supressão (*niruddha*)

Este é o estado livre de pensamentos. Pela constante prática da cessação dos pensamentos, pode-se realmente compreender o mundo de nomes e formas como um produto da mente. Quando a mente deixa de existir em um sentido prático do termo, todo o resto se dissolve. Este é o estado consciente-inconsciente de iluminação bem-aventurada (*asamaprajnata samadhi*).

Esses estados mentais constituem a pessoa que vivenciamos. A pessoa é a mente e a mente é a pessoa. Assim, o estudo da mente é o estudo da pessoa e vice-versa. O Yoga usa processos mentais e esforços psicológicos para tirar o aspirante da "armadilha da mente". Ele detém as modificações e flutuações mentais que são os progenitores dos diferentes estados mentais. É por isso que se diz que o Yoga não é uma atividade física do corpo, mas um processo mental.

O deus Shiva expôs doze formas de Yoga:

1. Mantra-Yoga	5. Bhakti-Yoga	9. Vasana-Yoga
2. Hatha-Yoga	6. Kriya-Yoga	10. Para-Yoga
3. Laya-Yoga	7. Jnana-Yoga	11. Amanaska-Yoga
4. Raja-Yoga	8. Lakshya-Yoga	12. Sahaja-Yoga

Os quatro Yogas do Tantra-Yoga

O Tantra-Yoga, também chamado Maha (o grande) Yoga, é uma combinação dos quatro Yogas principais:

1. Mantra-Yoga

A palavra *mantra* é uma combinação de duas palavras. *Man* significa "mente" (*manas*). *Man* também vem de *manan* que significa "concentração". *Tra* vem de *trana* que significa "liberdade" e "proteção". Assim, *mantra* é aquilo que permite que nossa consciência liberte-se de pensamentos mundanos e entre num estado de concentração. Pelo poder do som inerente em um mantra, a mente se torna controlada e a concentração, bem estabelecida.

O som precede toda existência. O elemento *akasha* é produzido por som; então, o restante dos elementos (*bhutas* ou *tattvas*), o ar, o fogo, a água e a terra, são produzidos por *akasha*. O som em sua essência é divino e representa a consciência cósmica em qualquer forma que o aspirante desejar que a divindade assuma. Essa forma divina está relacionada de modo intrínseco à sílaba seminal (*bija mantra*). O *Yoga Shikhopanishad* (versos 2 a 9) afirma que a própria Kundalini se manifesta como mantra. Pelo processo yogue de repetição de mantras (*mantra japa*), os sons são convertidos na forma divina do poder da Kundalini e revelados ao aspirante.

O Mantra-Yoga não é apenas a repetição de um mantra ou sílaba seminal (*bija mantra*). A entoação correta de um mantra permite que a concentração aos poucos se torne mais profunda e ininterrupta. Em um estágio mais elevado de concentração profunda, a forma divina (*devata*) inerente no mantra se torna manifesta. Quando o *devata* se torna vivo, o factor do eu se funde com a divindade do mantra e o aspirante alcança o estado de *samadhi*.

2. Hatha-Yoga

A palavra *hatha* é a combinação de dois sons, *ha* e *tha*. *Ha* representa o sol e *tha* a lua. Assim, *hatha* é o equilíbrio e a união do sol e da lua. Por meio da prática de diferentes posturas (*asanas*) e controle da respiração (*pranayama*), esse Yoga energiza os canais sutis, as nadis do Yoga. A energia se move através desses canais sem nenhuma obstrução, porque cada uma das células do corpo terá sido limpa pelas práticas de purificação do Hatha-Yoga. Um corpo assim treinado não apresenta nenhum obstáculo ao estado de concentração ou meditação que leva ao *samadhi*.

3. Laya-Yoga

Laya significa "dissolução" ou "absorção". Segundo o *Rudrayamala Tantra*, o Laya-Yoga também é chamado de Kundalini Yoga e *shat-chakra-yoga*. Quando a Kundalini, o poder supremo (*adi shakti*), permanece enrolada em um organismo individual, a mundanidade surge na consciência. Todo indivíduo está sob a influência de princípios cósmicos criativos: os cinco elementos; os cinco princípios essenciais (*tanmatras*); os cinco sentidos e seus objetos; os cinco órgãos de ação; a vontade; e o órgão interno (*antahkarana*) composto da mente (*manas*), o intelecto (*buddhi*), o factor do eu (*ahamkara*) e a consciência distintiva (*chitta*). O Laya-Yoga acredita que a realização da suprema consciência não é possível até que todos os princípios cósmicos criativos estejam absorvidos no aspecto espiritual da suprema consciência, Parama Shiva. Assim, os métodos de despertar a Kundalini e uni-la com Parama Shiva são a parte essencial do Laya-Yoga. Os princípios cósmicos criativos são absorvidos estágio por estágio na Kundalini pela meditação profunda (*dhyana*). Esta consciência espiritual energizada é então incorporada à suprema consciência, resultando em *samadhi*.

4. Raja-Yoga

Raja significa "régio", de modo que o Raja-Yoga também é chamado de caminho régio do Yoga. O Raja-Yoga acredita que pela suspensão do princípio do pensamento somos capazes de atingir a união à nossa vontade. O Raja-Yoga almeja purificar a consciência no máximo grau e transformá-la no estado de concentração superconsciente (*samprajnata samadhi*) sem nenhum esforço. O objetivo final do Raja-Yoga é que essa consciência superpurificada e superiluminada se torne completamente absorvida na consciência suprema (*asamprajnata samadhi*).

O Raja-Yoga não desperta o poder dormente da Kundalini. No Raja-Yoga, o pensamento centralizado combinado com a reflexão espiritual é aplicado para a obtenção do afastamento das percepções sensoriais (*pratyahara*), que faz com que o *prana* recolha o controle sensorial. Os órgãos sensoriais são recolhidos, assim como acontece durante o sono. Isso leva à meditação profunda (*dhyana*) e *samadhi*.

Esses quatro Yogas são parte do Tantra-Yoga e cada um, a seu próprio modo, conduz ao mesmo objetivo. Quando os quatro são combinados e o aspirante escolhe de cada sistema aquilo de que precisa, ele estará praticando o Maha-Yoga (o grande Yoga). O Maha-Yoga dá a máxima importância ao trabalho com o *prana*, a força vital por meio da qual tudo o que é manifesto sobrevive. No Ayurveda, a ciência indiana da medicina, a palavra *prana* é utilizada para indicar o humor chamado *vata dosha* ou *vayu* (ar). O *prana* transporta a força vital, necessária para manter o sistema vivo, bem como resíduos químicos e toxinas que precisam ser expelidas do corpo. Por intermédio de vários tipos de técnicas respiratórias, o *prana* é usado para limpar os nervos e despertar a energia dormente (Kundalini). Na natureza *prana* é um. Mas o Yoga o divide em cinco subclasses de acordo com sua localização e tipo de movimento no corpo humano.

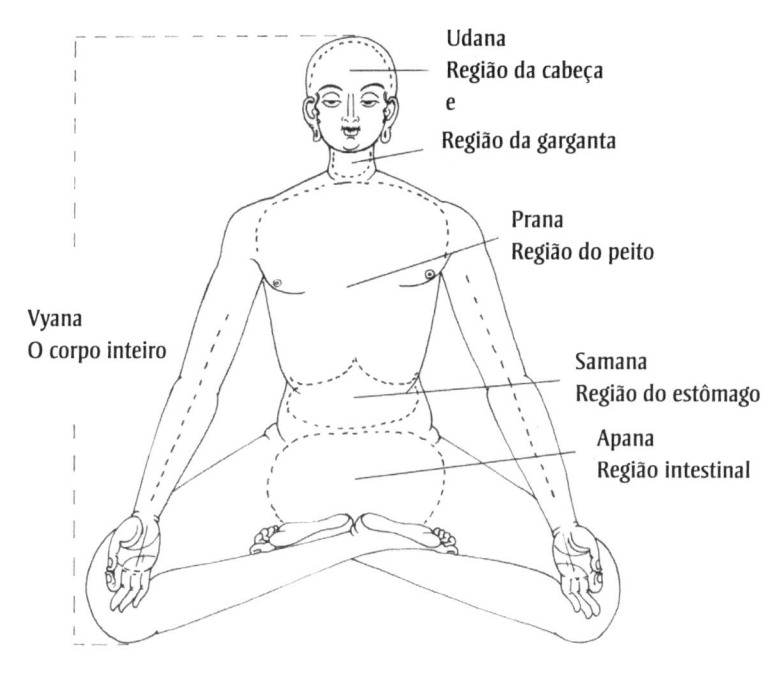

Udana
Região da cabeça
e
Região da garganta

Prana
Região do peito

Vyana
O corpo inteiro

Samana
Região do estômago

Apana
Região intestinal

Pranas no corpo

Os cinco *pranas* ou *vayus*

1. Udana

Udana fica na região da garganta e da cabeça. É com o poder de *udana* que obtemos a capacidade de produzir som na forma de fala, música e de cantar com os lábios fechados. Ele ajuda o aspirante no *mantra japa* (repetição).

2. Prana

O *prana* opera no coração e nos pulmões e no ar que está constantemente entrando e saindo dos orifícios nasais. Ele ajuda na deglutição e leva a comida e a bebida até o estômago. É a respiração vital básica. Ao reduzir o ritmo da respiração a quinze respirações por minuto, é possível modificar a velocidade da mente; por meio da respiração rítmica com o *mantra japa*, o aspirante do Yoga pode atingir um estado de tranquilidade.

3. Samana

O *samana* reside na região entre o coração e o umbigo. Ele mantém o "fogo" do estômago com a ajuda dos sucos digestivos. Ele transforma a comida pelo aquecimento e separa os nutrientes da matéria residual.

4. Apana

O *apana* fica na região entre o umbigo e o reto. A função primária de *apana* é descarregar o material residual produzido no processo de digestão e assimilação do alimento. É também responsável pela flatulência, ejaculação, concepção, parto, defecação e produção de urina. O seu papel no movimento da Kundalini, na abertura da nadi Brahma e experiências espirituais, torna-o mais importante do que *udana* e *vyana*.

5. Vyana

O *vyana* situa-se no corpo inteiro e circula continuamente pelo corpo todo através dos vasos sanguíneos, do sistema linfático e do sistema nervoso. Pelo fato de regular os três sistemas básicos (circulatório, linfático e nervoso), ele é o mais universal e importante. Ele transporta os nutrientes, faz o sangue fluir, provoca o suor, limpa toxinas do sangue e linfa e ajuda na coordenação de todos os sistemas. Levantar-se, sentar-se, empurrar, puxar, abrir e fechar os olhos, tudo isso é realizado por *vyana*. Ele ajuda nos *asanas* e no recolhimento dos sentidos.

O Tantra-Yoga acredita que *prana* é a chave de todas as experiências espirituais. É dito no *Shiva Svarodaya*:

> *Nadi-bhedam tatha prana-tattva-bhedam tathaiva ca |*
> *Sushumna-mishra-bhedam ca yo janati sa muktigah ||*

Aquele que conhece os segredos das nadis (a sua operação e efeitos), do *prana* e da Sushumna liberta-se do ciclo da vida e da morte, ficando totalmente iluminado.

O Tantra-Yoga trabalha com a energia dinâmica do *prana* que o organismo recebe por meio da respiração nasal. De acordo com os ensinamentos tântricos, duas das principais nadis do Yoga (portadoras da energia sutil no corpo) terminam nas narinas. A nadi Ida termina na narina esquerda e é ativada pela respiração por meio dessa narina. A nadi Pingala termina e é ativada pela respiração na narina direita. Quando ambas as narinas operam ao mesmo tempo, a nadi principal do Yoga chamada Sushumna fica ativa, criando coordenação entre os lados direito e esquerdo do corpo.

Em geral um ser humano respira em uma velocidade média de quinze respirações por minuto ou 900 vezes por hora. Destas, 890 respirações são feitas com uma narina ou outra, ativando seja a nadi Ida ou a nadi Pingala. Apenas dez respirações por hora são feitas com ambas as narinas, assim ativando a nadi Sushumna. Entretanto, o uso de técnicas respiratórias alternativas ensinadas pelo Yoga possibilita que um aspirante ative a Sushumna à vontade. Os centros sutis de energia dos chakras estão situados na nadi Sushumna, e operam com a energia dinâmica de *prana* que está em constante movimento na esfera de ação das nadis.

A nadi Sushumna tem dentro de si uma nadi muito delicada chamado Brahma, que é a portadora de energia espiritual. A operação conjunta das narinas direita e esquerda, que ocorre naturalmente a cada hora, estimula a nadi Sushumna, mas não estimula a nadi Brahma. A nadi Brahma é influenciada apenas quando a Sushumna é ativada pelo *pranayama* (controle consciente da respiração). Então a energia espiritual, que está dormente na Kundalini adormecida, é despertada para mover-se de modo ascendente por intermédio da nadi Brahma. Quando a energia espiritual dormente é ativada, o funcionamento da energia fisioquímica para e o corpo fica calmo e imóvel. O *prana* dinâmico é absorvido pela energia Kundalini desperta. O metabolismo diminui e as funções vitais no corpo param. No final, o sistema sensorial para de funcionar. A Kundalini se move pela via oca dentro da coluna vertebral, passando pelos chakras, os centros de transformação. Penetrando todos os chakras inferiores, ela finalmente alcança o chakra Sahasrara, onde se une com o seu amado Shiva.

Depois dessa união, a Kundalini volta para seu lugar no chakra Muladhara, na base da coluna. Durante a sua descida, os poderes e operações dos chakras são restaurados. O aspirante ou yogue retorna ao factor do eu operante e determinado pelo tempo, e à operação cíclica dos três estados de consciência bem conhecidos: o estado desperto, o estado de sonho e o estado de sono, que são influenciados pelos três *gunas* (qualidades): *sattva* (equanimidade, equilíbrio ou leveza), *rajas* (paixão, atividade ou mobilidade) e *tamas* (torpor, inércia ou escuridão).

Os diferentes estados de consciência

1. O estado desperto

No estado desperto de consciência, a mente, o intelecto, o ego e a consciência distintiva estão sempre ativos, fazendo a consciência nesse estado parecer uma consciência dos sentidos. Quando o factor do eu opera sob a influência de *rajas*, os impulsos sensoriais de olfato, paladar, visão, tato e audição são recebidos pela área sensorial do cérebro. Esses impulsos sensoriais são reduzidos a uma forma não material de *vayu* (ar) ou *prana*. Eles são então transportados por meio da nadi Ida para o seu chakra correspondente. Cada um dos cinco primeiros chakras está associado a um dos cinco sentidos e órgãos sensoriais e o elemento com o qual esse órgão está conectado. Por exemplo, o chakra Muladhara está associado ao sentido do olfato, o nariz e o elemento terra. Os impulsos sensoriais na forma de *prana* são irradiados por meio das pétalas do seu chakra específico à nadi Ida e dali à mente dos sentidos. A mente dos sentidos envia as radiações sensório-mentais ao factor do eu (ego) e a *chitta* (mente distintiva), onde elas são transformadas em formas conscientes que o factor do eu reconhece como cheiros, gostos, vistas, toques e sons.

2. O estado de sonho

O mundo do sonho é criado por impressões, memórias e desejos (realizados ou não realizados), projetados na tela do factor do eu. O estado de sonhos parece ser um estado de não consciência porque a área sensória do cérebro é inoperante. Se vista pelos outros, a pessoa será descrita como adormecida, mas o estado de sonhos é dominado por *rajas* e *sattva*, e não *tamas*. *Rajas* faz a mente dos sentidos funcionar mesmo sem a ajuda dos órgãos dos sentidos e a luz de *sattva* torna aparentes coisas que não têm nenhuma forma material. Podemos sentir cheiros sem usar o nariz, gostos sem usar a língua, ver coisas sem usar os olhos, sentir e ouvir sem a atividade da pele e dos ouvidos. Embora os órgãos dos sentidos sejam inoperantes, há um envolvimento total do factor do eu com o mundo dos sonhos.

3. O estado de sono

Quando os órgãos dos sentidos e a mente sensorial tornam-se inoperantes, a consciência dos sentidos fica mascarada, dando origem à aparente não consciência. Isso acontece quando o factor do eu opera sob a influência de *tamas*. *Tamas* produz embotamento, torpor, ignorância, falta de sentido e estupidez. Os órgãos dos sentidos se afastam do domínio externo e tornam-se perfeitamente introvertidos. O sono ajuda a restaurar a energia do corpo, a qual ele consome no ciclo de atividade do dia seguinte. No estado de sono, a mente, o ego e o intelecto são incorporados à consciência distintiva (*chitta*) e o *chitta* se funde com a suprema consciência (*Parama Shiva*) dentro do organismo humano.

4. Turiya

Além desses três, existe um quarto estado de consciência conhecido como *turiya*. Esse é o estado no qual o supremo espírito é visto por meio da superconsciência. Mediante a concentração, a mente, o ego, o intelecto e a consciência dos sentidos, são todos absorvidos e predomina um estado de consciência indiferenciada. Quando os *gunas* (*sattva, rajas* e *tamas*) são incorporados à energia espiritual, a Kundalini, não há nem consciência nem inconsciência. Esse é o estado de *samprajnata samadhi*. Esse estado foi recentemente reconhecido pela psicologia moderna como o "estado alterado de consciência". A seguir vem o estado mais elevado conhecido como *asamprajnata samadhi*, onde a própria Kundalini é incorporada ao Supremo Shiva, a consciência cósmica.

Quem experimentou *turiya* passa a enxergar o mesmo mundo de um modo diferente. A percepção dos objetos é a mesma, mas a perspectiva do indivíduo muda. Medo, dor, sofrimento e dependência perdem o seu significado, pois todos os tipos de dependência são causados pelo apego, que é proveniente do desejo. *Turiya* cria imparcialidade; todos os desejos desaparecem e experimentamos a liberdade que sente uma gota quando se funde com o oceano. Mas isso acontece apenas quando a energia espiritual enrolada da Kundalini é desperta pela execução das práticas relacionadas com detalhes nos capítulos seguintes.

2

Kundalini e Yoga

A palavra *Kundalini* vem da palavra sânscrita *kundala*, que significa uma "espiral" ou "enrodilhada". No Yoga, *Kundalini Shakti* significa "potência em forma de espiral". É comparada a uma serpente que permanece enrolada enquanto descansa ou dorme.

Há numerosas referências à Kundalini nos textos sagrados da Índia. Shankaracharya, em seu famoso tratado *Saundarya Lahari*, diz: "A invencível Kundalini Shakti penetra os seis chakras e entra em sua morada devagar, passo a passo." No *Mundamalatantra* (cap. 6), a Kundalini Shakti é chamada de força básica do corpo. Na *Varahopanishad* (5.51), a Kundalini é chamada de poder supremo. Na *Yogashikhopanishad* (6.55), é afirmado que quando a Kundalini Shakti sobe acima do seu ponto de descanso (o *kanda*), o yogue atinge a libertação. No *Yajurveda*, a Kundalini é mencionada como uma energia virgem que se move como uma esposa devotada e destrói todo o mal e, pelo seu leve movimento, por meio de sua energia ígnea, penetra todos os centros. Também no *Yajurveda* se diz:

Kundalini shakteravastham trayam vidyate
Yadyasmin chakre kumari kumaravathamapanta
Prathamam supto ittha mandryete mandam svaram karoti
Purum hiranyamayim brahma vivesho parajita

Três estados da Kundalini Shakti podem ser vistos. Em seu estado inicial virgem, ela permanece juvenil em seu lugar de descanso. Primeiro ela se encontra em sua forma dormente; a seguir, tem início um lento movimento e um som suave. Então ela, plenamente iluminada, entra na caverna de Brahma, onde ela se une e perde a si mesma.

Na *Yogakundalyupanishad*, diz-se:

> *Kundale asyah stah iti kundalini*
> *Muladharastha vahniyatam tejo madhye vyavasthita*
> *Jivashakti kundalakhya pranakarat tejasas*
> *Mahakundalini prokta parabrahma svarupini*
> *Shabda brahma maye devi ekanekakshara kriti*
> *Shakti kundalininam vistantunibha shubha*

O que tem uma forma enrolada [*kundala*] é a Kundalini. No Muladhara ela permanece em forma de fogo, que é circundado pela luminosidade. Ela é o *Jiva Shakti* [consciência individualizada] e é conhecida como Kundalini. Ela é plena de luminosidade [*tejas*] e é a causa de *prana*, a força vital. Quando ela está no Ser Supremo, o Para Brahma, é chamada de Maha Kundalini. Devi Kundalini é da forma de Shabda Brahman [*shabda* – som, *Brahman* – deus sem nome e forma]. A própria deusa Kundalini é o Ser Supremo enquanto som e tem a forma de um e muitos caracteres do alfabeto [ela existe na forma de mantra]. A auspiciosa Kundalini Shakti existe em cada partícula a seu próprio modo.

Existem muitas outras referências à Kundalini em *Jnanarva Tantra, Lalita Sahastranam, Laghustuti Vamkeshvara Tantra, Shat Chakra Nirupana, Gheranda Samhita* e *Hatha Yogapradipika*, nos quais ela é descrita como um aspecto da eterna consciência suprema que, ao mesmo tempo, é dotada e destituída de atributos. No aspecto da consciência suprema com atributos (*saguna*), a Kundalini é muitas vezes personificada como um aspecto da Mãe Divina, a Grande Deusa. No aspecto sem atributos (*nirguna*), a Kundalini é o poder ou vontade da consciência cósmica, e é pura consciência.

Na tradição tântrica, acredita-se que o universo é constituído basicamente de duas coisas: o *saguna* (com atributos) e o *nirguna* (sem atributos), ou, em outras palavras, matéria e energia. A matéria é tratada como o veículo da energia, e a energia é considerada consciência (diferente da energia dos cientistas modernos, que é destituída de consciência). Antes da manifestação existe apenas consciência suprema sem atributos (Shiva) e o poder da consciência (Kundalini ou Shakti). Quando Shiva e Shakti se unem, acontece a vibração (*nada*) da união e, a partir disso, nasce o *maha bindu*. Nada é puro som cósmico e *maha bindu* é a verdade suprema, semente de todos os fenômenos manifestos. De acordo com a escritura tântrica *Sharada Tilaka*, a manifestação começa com a explosão de *bindu*. Primeiro havia o som não manifesto (*shabda* ou *nada)*, a Palavra ("No início havia a Palavra e a Palavra era Deus"). Inerente à Palavra é a energia (*shakti*) de seus significados (*artha)*. Por meio da ação da volição (*iccha*), o som não manifesto torna-se a fonte da palavra manifesta.

A explosão de *bindu* é o início da diferenciação. A partir de *bindu* que se diferencia, o universo material se expande na forma de *tattvas*, as eternas verdades. Uma verdade eterna pode ser definida como "aquela energia que dá margem para o funcionamento de todas as ordens da criação, até a sua dissolução final". O Tantra classifica as verdades eternas em três grupos: *Atma* (si mesmo) *Tattvas*, *Vidya* (conhecimento) *Tattvas* e *Shiva* (consciência) *Tattvas*. As energias eternas que abrangem o primeiro grupo, os *Atma Tattvas*, são caracterizadas pela não percepção *(jada)*. As eternas verdades do segundo grupo, os *Vidya Tattvas*, combinam a não percepção (*jada*) com a luminosidade (*prakasha*), resultando em percepção, pura e simples. Os *Shiva Tattvas* são caracterizados pela luminosidade (*prakasha*), em que a consciência absoluta paira acima de todos eles. Existem sete categorias de existência dentro do *Vidya Tattva*, incluindo a Kundalini, e cinco categorias dentro do *Shiva Tattva*, incluindo *prana*, o produtor de tudo.

Segundo a escritura tântrica *Kalpa Sutra*, 24 categorias de existência não perceptivas estão dentro do primeiro grupo de verdades eternas, os *Atma Tattvas*. Elas podem ser organizadas conforme é mostrado a seguir, com suas qualidades distintivas:

1. *Prithvi* – terra, dotada de solidez
2. *Apas* – água, dotada de fluidez
3. *Tejas* – fogo, dotado de calor
4. *Vayu* – ar, dotado da qualidade de movimento perpétuo
5. *Akasha* – vazio, dotado do caráter de espaço

6. *Gandha tanmatra* – cheiro, na forma de terra sutil
7. *Rasa tanmatra* – gosto, na forma de água sutil
8. *Rupa tanmatra* – forma, na forma de fogo sutil
9. *Sparsha tanmatra* – tato, na forma de ar sutil
10. *Shabda tanmatra* – som, na forma de *akasha* sutil
11. *Shrota* – ouvido, o sentido auditivo de perceber o som
12. *Tvak* – pele, o sentido tátil que percebe o toque
13. *Chakshu* – olho, o sentido ótico que percebe a forma
14. *Jihva* – língua, o sentido gustativo que percebe o gosto
15. *Ghrana* – nariz, o sentido olfativo que percebe o cheiro
16. *Vak* – fala, língua, o órgão motor da expressão articulada
17. *Pani* – a mão, o órgão motor de agarrar e largar
18. *Pada* – o pé, o órgão motor da locomoção
19. *Payu* – ânus, o órgão motor da evacuação
20. *Upastha* – os genitais, o órgão motor da procriação e do prazer natural
21. *Manas* – a mente, o sentido interior que é a raiz de toda volição, que é alcançada quando o sofrimento da mobilidade (*rajas*) predomina sobre o ritmo equilibrado da felicidade (*sattva*) e a inércia da delusão (*tamas*)
22. *Buddhi* – o intelecto, o sentido interior que é a raiz de toda convicção, que é alcançado quando equilíbrio e clareza (*sattva*) predominam sobre a mobilidade (*rajas*) e a inércia (*tamas*)
23. *Ahamkara* – egoísmo, o factor do eu, o sentido interior que é a raiz de toda convergência imaginativa em direção ao Si Mesmo, que é alcançado quando a inércia ou escuridão (*tamas*) predomina sobre o equilíbrio (*sattva*) e a mobilidade (*rajas*).
24. *Prakriti* – natureza primordial, ser, conhecido também como *chitta*, que é alcançada pelo estado equilibrado das três qualidades (*gunas*): *sattva*, *rajas* e *tamas*.

O ápice da evolução da criação está no eu individuado (chamado de *jiva*, *purusha* ou *atman*), que permite o âmbito do funcionamento das 24 categorias não perceptivas. Isso acontece por intermédio do uso dos quatro órgãos operantes interiores da consciência, conhecidos como *antahkarana chatushtaya*: a mente (*manas*), o intelecto (*buddhi*), o ego ou factor do eu (*ahamkara*) e a consciência distintiva, ser ou natureza (*chitta*). Com a ajuda combinada desses quatro órgãos, o corpo material concreto, que é composto de incontáveis células, torna-se uma simples unidade de existência, "um corpo".

O *jiva* é mantido em contato com a ordem inteira de criação por intermédio do *prana*, a força vital que vem como respiração. Todos os tipos de conhecimento (*vidya*) em forma de diferentes energias existem no corpo. Assim, o *sadhana* (disciplina) da Kundalini, especialmente o controle do *prana* (*pranayama*), é o *sadhana* tântrico básico por meio do qual todos os *vidyas* se tornam conhecidos ao *jiva*. Em uma inversão da evolução do mundo fenomenal manifesto, todos os princípios cósmicos criativos são incorporados à Kundalini, um a um. Em última análise, a Kundalini é o meio pelo qual a consciência individual é incorporada ao Parama Shiva (suprema consciência) do *Shiva Tattva*, e a consciência não dual é atingida.

Até essa união com a suprema consciência, todas as criaturas agem pelo poder da Kundalini Shakti. O movimento incessante das forças do corpo é Shakti em seu aspecto cinético. A Kundalini em repouso na base da espinha no chakra Muladhara é o suporte imóvel de todas essas operações. Nos organismos individuais, a consciência energizada ou energia consciente existe em cinco envoltórios (*koshas*) e opera por meio do corpo físico.

Os cinco envoltórios (*Koshas*)

1. Annamaya Kosha – Envoltório de matéria

O *Annamaya Kosha* é o corpo celular. Com a ajuda do *prana*, *Annamaya Kosha* cria a fundação do corpo. Todos os conteúdos materiais de *Atma Tattva* são criados pelo *prana*, mas a substância a partir da qual se desenvolvem os conteúdos materiais é *anna*, alimento.

2. Pranamaya Kosha – Envoltório de ar vital (*Prana*)

O envoltório seguinte é *Pranamaya Kosha*, o suporte de toda energia mental, supermental e psíquica e da consciência individual. *Prana* mantém a força vital do corpo celular por meio do alimento, que é convertido em diferentes tipos de energia por meio dos três humores (*doshas*): vayu, pitta, kapha. *Vayu* é ar ou vento a partir do elemento ar, que opera no corpo como os cinco *pranas* (*prana, apana, samana, vyana* e *udana*) e enquanto cinco *subpranas* (*kurma, krikkara, naga, dhananjaya* e *devadatta*) e influencia diretamente todos os movimentos no corpo.

3. *Manomaya Kosha* – Envoltório da mente

O *prana* também mantém a vitalidade no *Manomaya Kosha*, o corpo mental, por meio da sopa química preparada por *Annamaya Kosha*, que cria diferentes disposições (*rasas*) no factor do eu. O Tantra descreve nove disposições ou *rasas* diferentes, que são atuadas no psicodrama da vida. A variedade de sentimentos e emoções gerados pela interação dos *rasas* com o factor do eu dão um caráter definido ao *jiva* do microcosmos.

4. *Vijnanamaya Kosha* – Envoltório de Conhecimento

Depois de *Manomaya Kosha* vem *Vijnanamaya Kosha*. Este é o envoltório de conhecimento além da percepção sensorial. Esse envoltório é a sede de *buddhi* (intelecto) e *ahamkara* (factor do eu). A mente apresenta as mensagens a partir do mundo fenomenal ao intelecto, o conselheiro que tem um registro de tudo o que aconteceu no passado e todas as possibilidades do futuro. Ele é consciente dos aspectos positivos e negativos de todas as coisas que a mente apresenta e sempre percebe por intermédio de uma estrutura tridimensional de passado, presente e futuro. Na consciência individual, o intelecto e o ego são limitados pelo tempo. Apenas o Si Mesmo, a pura consciência na consciência individual, está além do tempo, do ego e do intelecto. Este Si Mesmo é o Parama Shiva, que sempre permanece no meio do tabuleiro do jogo da vida em seu próprio envoltório, o *Anandamaya Kosha*, o Envoltório da Felicidade.

5. *Anandamaya Kosha* – Envoltório da Felicidade

O Si Mesmo, não intimidado pelo prazer ou pela dor, permanece na felicidade neste envoltório. Este Si Mesmo é a consciência cósmica não dual: onipresente, onipotente e onisciente. Sendo onipresente, ela tem que estar em toda parte e, contudo, está no envoltório de *ananda*, que está circundado por todos os outros envoltórios de seu

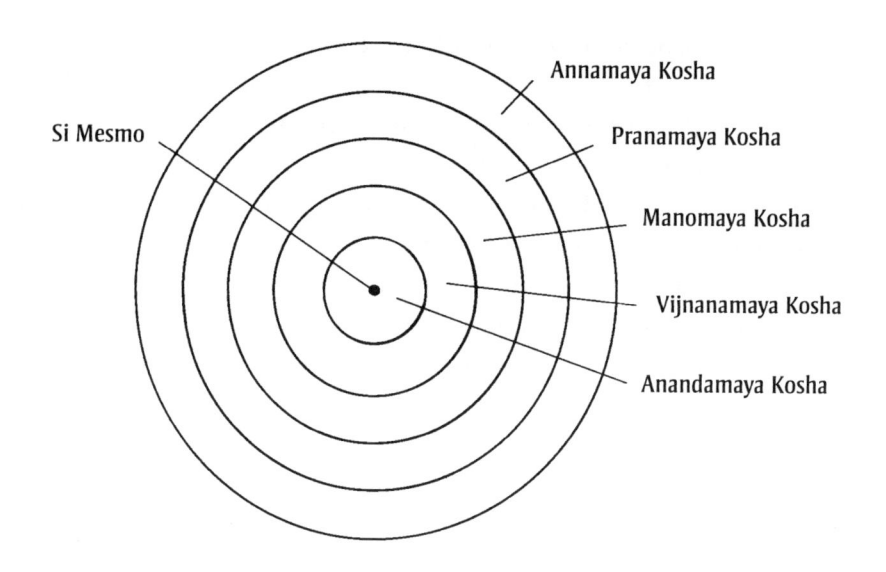

Os cinco envoltórios da consciência

próprio *maya* divino (o poder de cobrir com um véu; a existência ilusória sempre mutante, o fenômeno).

Nem a mente e nem o *prana* podem alcançar a consciência energizada de *Anandamaya Kosha*. Apenas *chitta*, o puro ser da consciência individualizada é capaz de experimentar a felicidade de *Anandamaya Kosha*. Todas as perturbações e tumulto da vida são encontrados nos quatro outros *koshas*. A energia nesses quatro primeiros *koshas* é prânica. Ela sustenta tanto a energia celular como a mental. A energia celular passa por mudanças e influencia a energia mental por meio dos diferentes *rasas*. A energia mental, por sua vez, influencia o intelecto e o ego. Quando o ego se cansa da interação incessante da energia mental, ele requer repouso. Para os seres humanos normais a cessação da energia mental somente é possível no sono profundo. Mas o sono nem sempre consegue ser um sono profundo; ele é interrompido por sonhos e, nos sonhos, a nossa energia mental desempenha um papel fundamental. A única solução para se obter o descanso total é parar a mente. A mente depende de energia prânica para a sua atividade. Assim, controlar a energia prânica e deter *prana* é a única solução. Aprender as técnicas de trabalhar com o *prana* somente é possível no Yoga e, por esse motivo, o estudo do Yoga é tão importante.

No estado dormente da Kundalini, a consciência espiritual permanece não manifesta e todos os princípios criativos estão ativos. Quando a Kundalini é despertada pelos aspirantes ao Yoga, o poder espiritual e a consciência espiritual substituem a consciência mundana e a dos sentidos. A Kundalini permanece enrolada enquanto não for percebida, pela consciência individual, a existência de um propósito mais elevado na vida e de um outro estado de consciência, além dos costumeiros estados desperto, de sonhos e de sono. Esse estado pode ser vislumbrado sempre que nossos desejos por prazeres sensuais são satisfeitos, sempre que não encontramos nenhuma atração no mundo fenomenal e que experimentamos um estado de não apego, de introversão. O afastamento sistemático da gratificação contínua dos desejos abre a porta para o mundo interior e a pessoa experimenta uma luz que leva em direção à união que supera a dualidade de matéria e mente. Quando esse estado de não apego se torna um hábito permanente, as funções da consciência individual param completamente e o aspirante torna-se purificado pelo fogo do desapego. Ele se torna calmo e focado. Entretanto, esse estado em si mesmo não é suficiente para mudar a natureza da energia da Kundalini que se encontra dormente. Essa energia latente pode ser ativada pelo desempenho de posturas (*asanas*), pelo controle da respiração (*pranayama*) e por gestos (*mudras*), acompanhados por meditação, repetição de mantras e técnicas de visualização. Então a Kundalini se torna cinética e adota um curso que é contrário à lei da gravidade, subindo e penetrando todos os chakras localizados na Sushumna.

A força que canaliza energia através da Sushumna na coluna vertebral vem da fusão dos íons negativos do *prana* com os íons positivos do *apana*. *Apana* é o *prana* que existe na região abaixo do umbigo, a área pélvica. Quando *prana* e *apana* se combinam, a energia que está em repouso na base da espinha em sua forma estática se torna ativa. Se a Kundalini for desperta antes de existir um ambiente interior adequado, criado pela limpeza das nadis por meio do *pranayama*, a energia em ascensão pela nadi Brahma voltará para seu lugar anterior e se enrolará de novo. Esse despertar inadequado pode levar àquilo que é chamado de "má experiência da Kundalini".

É, portanto, necessário seguir os oito passos prescritos pelo Yoga, referidos como *Ashtanga* (*ashta* – oito, *anga* – membros ou partes) descritos com detalhes nas páginas 56-72. Quando o corpo é serenado pela prática dos oito passos, um poder interior desconhecido é liberado, que ajuda o corpo a manter um excelente estado de saúde física e vitalidade e a mente a se aquietar e livrar-se de flutuações. Nesse estado, a mente exibe um maior controle quando funciona no nível sensorial. Esse controle provoca um estado de imobilidade física e mental que permite que a energia estática enrolada da Kundalini seja ativada e suba em direção ao local mais elevado, o sétimo chakra, descrito como a sede da consciência cósmica em sua forma de Parama Shiva. Aqui, novamente, acontece uma fusão entre os íons negativo e positivo de *prana* e *apana*, resultando numa grande iluminação. A ignorância da mente, a causa básica do dualismo, é destruída. Aquele que experimenta esse estado atinge a consciência não dual e se torna iluminado.

Segundo as escrituras hindus, o verdadeiro yogue – aquele que atingiu a iluminação – cruza o oceano do nascimento, da doença, da velhice e da morte. As escrituras hindus também declaram que pode levar muitas vidas para alguém se tornar um verdadeiro yogue. Pela graça de um guru é possível atingir esse objetivo em uma só vida, mas obter a graça de um guru também não é a realização de uma só vida. A evolução da consciência é um processo gradual e são necessárias muitas vidas de preparação. Alcançar a liberdade dos desejos pelos objetos do mundo fenomênico, algo que acontece por meio do não apego, leva tempo. Todo o processo de crescimento espiritual torna-se possível por meio do *prana* e seus portadores, as nadis.

As nadis

A palavra nadi vem da raiz sânscrita *nad* que significa "movimento". No *Rigveda*, a escritura hindu mais antiga, a palavra *nadi* é usada com o significado de "correnteza". O conceito das nadis é baseado na compreensão de que são canais; qualquer canal por meio do qual algo flui é uma nadi. O *Shiva Purana* (4.40.5) claramente afirma que as nadis não são apenas nervos, mas todos os tipos de canais. Esse é o motivo pelo qual o termo sânscrito para nervo, *snayu*, não é usado para nadis nos textos da medicina indiana antiga, *Ayurveda*. Existem dois tipos de nadis:

1. Canais sutis, não materiais, invisíveis, de energia sutil, que são chamados de Yoga nadis. As nadis sutis, por sua vez, também são de dois tipos: os canais de *manas* ou a mente (*manovahini* ou *manovahi nadis*), e os canais de *chitta*, o ser ou a consciência distintiva (*chittavahi nadis*).
2. Canais materiais de energia sutil, visíveis como cordas, vasos ou tubos. Incluídos nesse conceito de nadis estão os meridianos da acupuntura, os nervos, os músculos e as correntes dos sistemas cardiovascular e linfático, tais como artérias e veias.

A energia prânica é transportada pelas nadis que pertencem a cada tipo, sutil e material. As nadis que transportam a energia prânica são conhecidas como *nadis pranavahi* ou *pranavahini*. As nadis materiais *pranavahi* trabalham com os nervos dos sistema nervoso central e autônomo (simpático e parassimpático). Até certo ponto, esses nervos e os órgãos sensoriais e de ação que são operados por eles, são influenciados pelas nadis do Yoga, tais como Ida e Pingala, que estão relacionadas com os chakras. Assim, os chakras operam com nadis de ambos os tipos, material e sutil, mas a Kundalini somente opera com a mais sutil das nadis da Sushumna. Quando a Kundalini é despertada e o *prana* é absorvido pela Kundalini, as outras nadis param de funcionar e o trabalho dos chakras é suspenso de modo temporário até a Kundalini se tornar inativa outra vez.

O Ayurveda menciona 72 mil nadis diferentes. O nosso pulso também é chamado de *nadi* e o diagnóstico médico muitas vezes começa com a observação do pulsar da nadi na artéria carótida. Na *Yoga Shikhopanishad* afirma-se claramente que existem 101 nadis conectadas ao Centro do Coração ou chakra Anahata. O texto continua: "A nadi Ida está situada no lado esquerdo e a nadi Pingala, no lado direito; entre as duas encontra-se a nadi principal, a Sushumna. Dentro da Sushumna está oculta a nadi Brahma, que é pura em caráter como a consciência suprema (*brahman*). A nadi Brahma é o vazio que conecta ao Brahma Randhra, um vazio entre os hemisférios duplos do cérebro, localizado no chakra mais elevado, o Sahasrara, o Lótus de Mil Pétalas. Aquele que o conhece é conhecedor do *Veda*."

Os aspirantes capazes de dominar as nadis podem atingir os estados mais elevados de consciência e obter os poderes conhecidos como *siddhis* (perfeições), que dá a eles pleno comando sobre os elementos e os *gunas*. O tratado tântrico *Shiva Samhita* identifica catorze nadis principais. Destas, três nadis fundamentais, Ida, Pingala e Sushumna, são consideradas as mais importantes para os aspirantes do Yoga e os praticantes tântricos. Elas são identificadas com os três principais rios da Índia: Ida é também conhecida como Ganga, Pingala como Yamuna e Sushumna como Sarasvati. Todas essas três nadis se originam na mesma região, o *kanda*, o material fibroso abaixo do chakra Muladhara em redor do qual os nervos se entrelaçam. A junção dessas três correntes sagradas é chamada de *yukta triveni* (*yukta* – combinado, *triveni* – três correntes). Ela assume a forma de um arco ou triângulo apontado para baixo, no centro do qual a Kundalini está enrolada. O lado esquerdo do triângulo é a nadi Ida, o lado direito, a nadi Pingala e o topo, a nadi Sushumna. As três nadis prosseguem na direção ascendente a partir do chakra Muladhara; as nadis Ida e Pingala se alternam nos lados direito e esquerdo da Sushumna por meio dos sucessivos chakras, até alcançarem o chakra Ajna, o ponto entre as sobrancelhas, onde elas se encontram novamente, formando um nó suave. As nadis Ida e Pingala terminam nas narinas esquerda e direita respectivamente, e a Sushumna continua para cima até o chakra Sahasrara na coroa da cabeça. O encontro dessas três correntes no chakra Ajna é chamado de *mukta triveni*. Um yogue que atravessou o chakra Vishuddha na garganta e chegou até o chakra Ajna transcende os cinco elementos e se liberta (*mukta*) da servidão da consciência limitada pelo tempo. É por esse motivo que o encontro das três nadis é chamado de *mukta triveni*. As escrituras dizem: *triveni yogah sah proktah, tatra snanam mahaphalam*, "esta união é chamado *triveni* e quem se banha nesse *triveni* alcança grande mérito".

As catorze nadis principais identificadas no *Shiva Samhita* são:

1. Sushumna

A nadi Sushumna tem uma posição central e é a única nadi que passa através do *meru danda* (coluna espinal). Certos estudos de anatomia contradizem a descrição da Sushumna fornecida pelas escrituras tântricas, afirmando que o canal central contém apenas fluido cerebrospinal, nenhuma fibra nervosa, e que é impossível, em termos neurológicos, que a medula espinal tenha uma abertura no topo da cabeça para o fluxo interno e externo de *prana*. Portanto é difícil prover uma anatomia precisa dos chakras.

Segundo a *Shiva Samhita*, a *Yoga Shikhopanishad* e muitas outras escrituras tântricas, a Sushumna se origina no chakra Muladhara, penetra no *talu* (o palato na base do crânio) e termina no chakra Sahasrara, na coroa da cabeça. Antes de alcançar o chakra Ajna

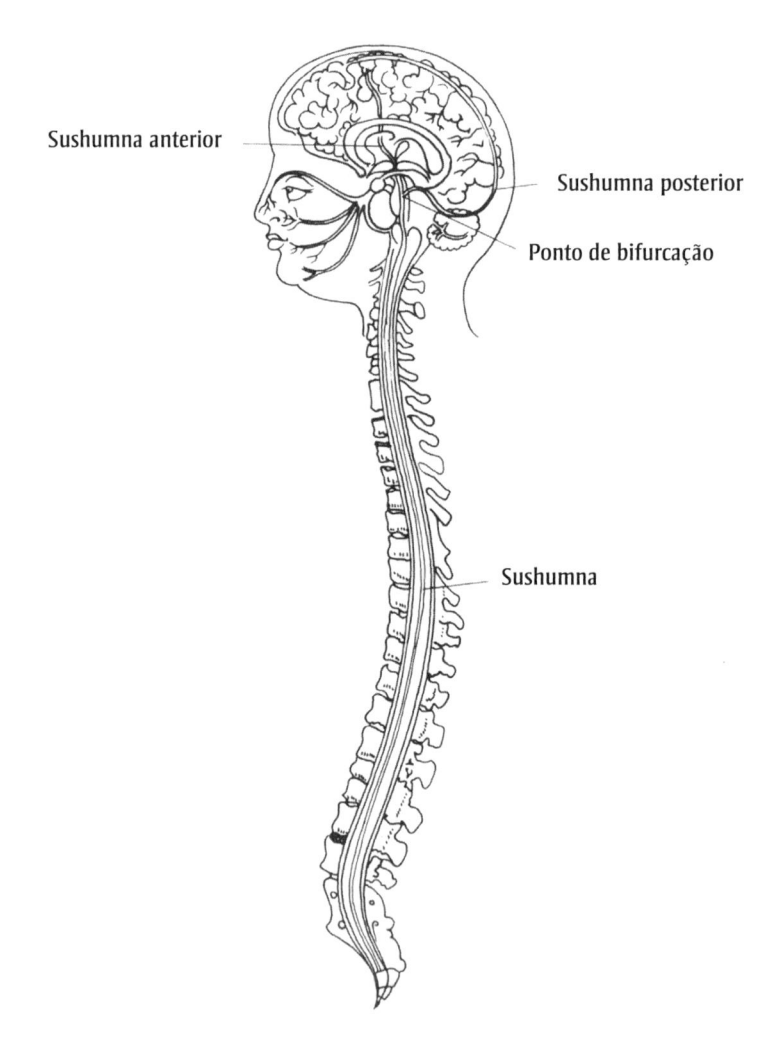

Origem e término da Sushumna

Sushumna anterior

Sushumna posterior

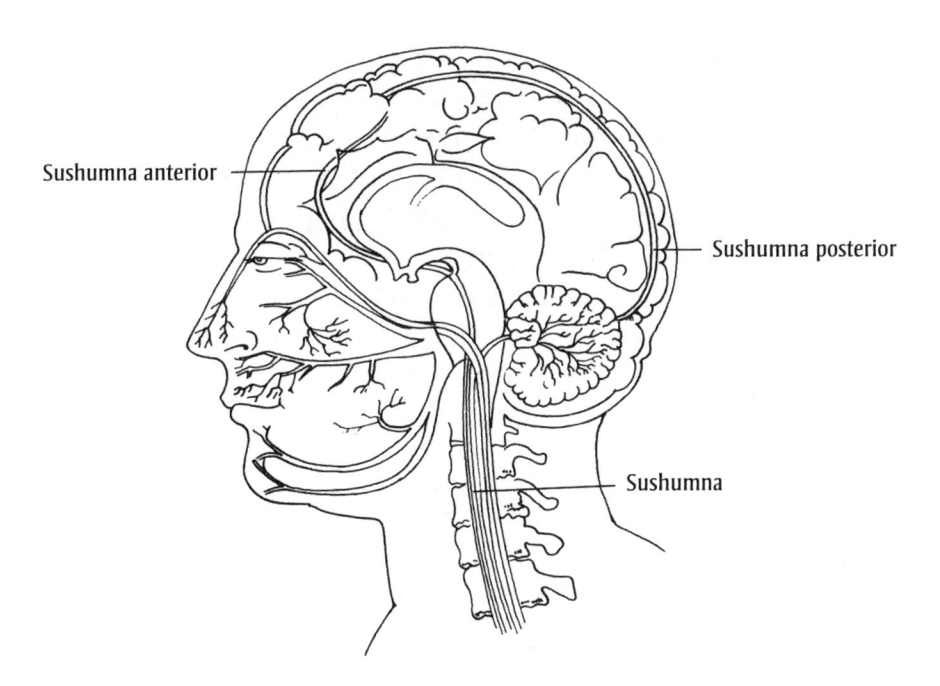

Sushumna

Bifurcação da Sushumna

(situado em alinhamento com as sobrancelhas), a nadi Sushumna se divide em dois ramos: anterior e posterior. O ramo anterior vai até o chakra Ajna antes de alcançar o Brahma Randhra, também conhecido como *Bhramara Gupha* (*gupha* – caverna, *bhramara* – abelhão) ou *Andha Kupa* (*andha* – cego, *kupa* – poço), a sede da suprema consciência. O ramo posterior passa por trás do crânio antes de chegar no Brahma Randhra.

Segundo o *Lalita Sahasranama* (um texto tântrico devotado à Divina Mãe), a Sushumna não é uma nadi, mas é constituída por três nadis principais do Yoga, que são as mais sutis. A parte mais externa da Sushumna é a Sushumna vermelha cor de fogo, que está além dos limites do tempo. Na parte interna desta encontra-se a brilhante nadi Vajra, também conhecida como Vajrini, que é da natureza do sol e do veneno. No interior da nadi Vajra encontra-se a pálida nadi Chitra, também conhecida como Chitrini, que é da natureza da lua e do gotejar de néctar. No interior da nadi Chitrini existe um vazio chamada nadi Brahma, que se conecta ao Brahma Randhra. A Sushumna e o vazio são ambos da natureza da inércia (*tamas*), ao passo que Vajrini é ativa (*rajas*) e Chitrini é pura iluminação (*sattva*). Chitrini irradia a energia vital; é extremamente sutil, pura inteligência e é revelada por meio do Yoga para os yogues (segundo o *Shat Chakra Nirupana*, verso 2). A nadi Chitrini é responsável pelos sonhos, alucinações e visões e é ativa de modo automático nos pintores, poetas e visionários. (Em sânscrito, *chitra* significa um retrato feito à mão ou uma pintura). O ponto terminal da nadi Chitrini é chamado de Brahma Dvara, a porta de *brahman*, através da qual a Kundalini ascende à sua morada final no chakra Soma, dentro do chakra Sahasrara.

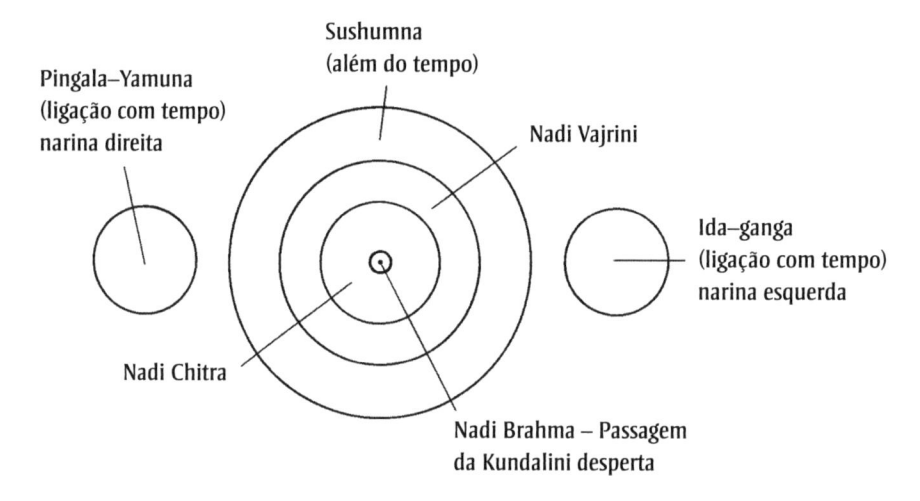

Pingala–Yamuna
(ligação com tempo)
narina direita

Sushumna
(além do tempo)

Nadi Vajrini

Ida–ganga
(ligação com tempo)
narina esquerda

Nadi Chitra

Nadi Brahma – Passagem
da Kundalini desperta

Corte transversal da Sushumna segundo *Lalita Sahasramana*

Em geral a Sushumna permanece inativa quando as outras nadis fluem fortemente e é ativada quando o fluxo através das outras nadis é restringido. A força oscilante de *prana* é responsável pela respiração, fazendo com que a maior parte das inspirações em qualquer hora dada seja feita através de apenas uma narina, desse modo ativando seja a nadi Ida ou a Pingala, e, por meio delas, as outras nadis. A nadi Sushumna é ativada apenas quando a respiração entra por ambas as narinas ao mesmo tempo, o que em geral acontece apenas em dez respirações por hora, na mudança de uma narina para a outra. Por meio da prática yogue de *pranayama* (controle consciente da respiração), a Sushumna também pode ser ativada, embora dessa maneira ela cause uma suspensão temporária de inalação e exalação. As outras nadis então param de funcionar e a Kundalini é despertada para ascender até a Sushumna por meio da nadi Brahma. Quando a energia espiritual da Kundalini sobe até a Sushumna, ela harmoniza a energia das nadis Ida e Pingala, que circundam os vários chakras.

A Sushumna é a única nadi que não é limitada pelo tempo. Um yogue que se firma em meditação no chakra Ajna (o ponto médio entre as sobrancelhas), em quem a energia espiritual da Kundalini ascende até a região de Brahma Randhra, torna-se um conhecedor do passado, do presente e do futuro, *trikaladarshi* (*tri* – três, *kala* – tempo, *darshi* – vidente). O yogue vai além do tempo (*kala*) e não pode ser tocado pela morte (a morte é também chamada de *kala* em sânscrito). Quando a respiração fica suspensa pelo *pranayama*, as funções do corpo físico chegam a uma parada e o processo de envelhecimento é detido.

Além dessa breve operação a cada hora, em cada mudança do ciclo nasal, Sushumna opera automaticamente ao amanhecer e no crepúsculo. O seu efeito é acalmar o sistema, tornando assim fácil a

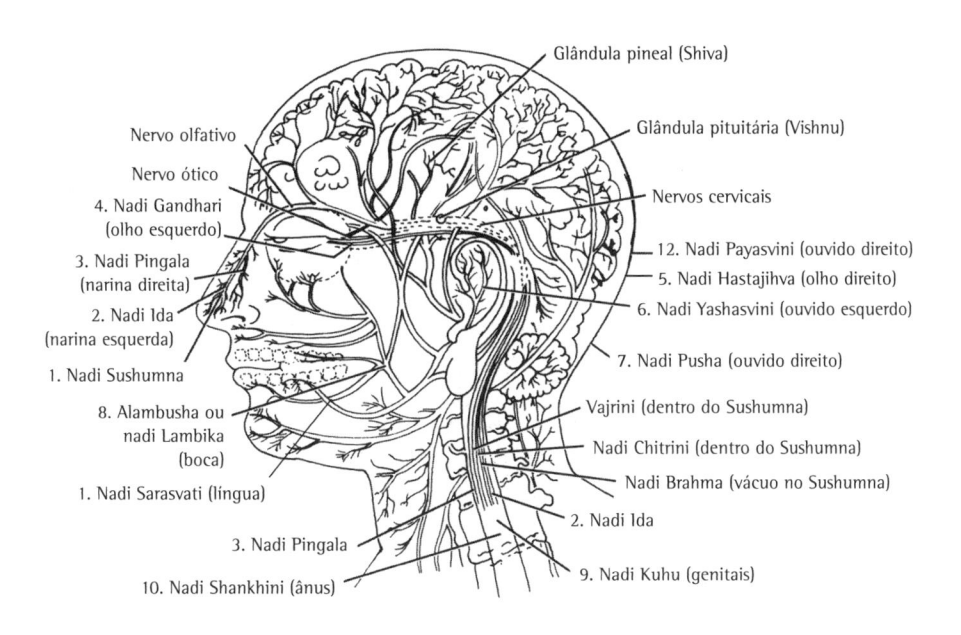

Nadis principais na cabeça

meditação. Essa é a principal razão pela qual a meditação ao amanhecer e ao entardecer foi incorporada às práticas religiosas de muitas tradições. Além disso, logo antes da morte todos os seres humanos fazem a respiração Sushumna, em que ambas as narinas operam ao mesmo tempo. Diz-se que a morte (com exceção da morte acidental) não é possível quando apenas a nadi Ida ou a Pingala estão dominantes. Ou seja, a morte não ocorre quando a respiração de uma pessoa é predominante apenas na narina esquerda ou na direita.

Na acupuntura existe um meridiano chamado Meridiano do Vaso Governador, que tem alguma correspondência com a Sushumna. Nesse meridiano, o fluxo da energia começa na extremidade do cóccix, ascende pela coluna vertebral, alcança um ponto no topo da cabeça e depois desce ao longo da linha do meridiano até um ponto logo abaixo do umbigo. Em geral, os meridianos da acupuntura podem ser equiparados às nadis que transportam energia prânica.

2. Ida

A nadi Ida tem a cor branca. Ela começa e termina no lado esquerdo da Sushumna, sendo considerada, portanto, parte do canal esquerdo do sistema das nadis. Ela é a portadora das correntes de energia lunar. Os yogues identificam Ida como sendo a portadora de energia prânica (*pranavahini*) e alegam que é uma das mais importantes nadis mentais (*manovahi*). O *Gandharva Tantra* (cap. 5) diz que a nadi Ida tem a forma da lua, de modo que conserva energia no corpo e restaura a calma da mente. Ida é feminina por natureza e é o depósito da produção de vida, energia maternal. Como ela nutre e purifica o corpo e a mente, é chamada de Ganga (o rio Ganges) nas escrituras tântricas. Na representação do Si Mesmo Supremo como uma pessoa cósmica (*Kala* ou *Virat Purusha*), ela é mostrada como o olho esquerdo. Como a nadi Sushumna, a nadi Ida se origina no *kanda*, a região abaixo do chakra Muladhara, mas está também conectada com o testículo esquerdo nos homens. A nadi Ida termina na narina esquerda. No Svara-Yoga ela representa a respiração esquerda, isto é, a inspiração e a expiração pela narina esquerda. "Esquerdo" no Tantra é descrito como magnético, feminino, visual e emocional por natureza. Todas as práticas de respiração yogue do *pranayama* começam pela inalação através da narina esquerda, que ativa a nadi Ida, com a exceção de *surya bhedana pranayama* (respiração para aumentar o próprio poder solar). Os aspirantes do Yoga são aconselhados a meditar quando a nadi Sushumna está em atividade. Se a Sushumna não está em atividade, o conselho é meditar quando Ida está operando, isto é, quando a respiração estiver fluindo através da narina esquerda. O *Shiva Svarodaya* e o *Jnana Svarodaya* recomendam que todas as atividades importantes, especialmente as que dão estabilidade à vida, são mais bem realizadas quando a nadi Ida está ativa.

No sistema do Svara-Yoga, os praticantes observam o costume de manter a narina esquerda aberta durante o dia, de modo que sua energia lunar *sáttvica* equilibre a energia solar *rajásica,* que é recebida durante as horas em que há luz do dia. Ao criar equilíbrio em si mesma, a pessoa se torna mais relaxada e mais alerta mentalmente. A nadi Ida é responsável pela restauração de energia no cérebro. Ida está situada no lado esquerdo da coluna espinal (*meru danda*), e tem sido identificada de modo incorreto como a cadeia de gânglios nervosos, conectada com fibras nervosas, chamada de cordão simpático. Existe uma semelhança profunda, porque o sistema simpático controla e influencia a respiração e porque a respiração está conectada com as narinas. Entretanto, Ida não é nem nervo nem cordão simpático; é um canal mental, uma *manovahi nadi.* Até agora, a localização dessa nadi com artifícios técnicos modernos não foi possível, mas o aspecto *pranavahi* de Ida pode ser sentido de maneira clara por meio dos efeitos da prática da ciência da respiração (*svaha sadhana*) e *pranayama.*

O folclore do mundo todo e especialmente da Índia relaciona a lua à psique. No *Purusha Sukta* se diz: "A lua nasceu de *manas* do *Virata Purusha* (Si Mesmo Supremo)" (*chandrama manaso jatah*). Durante o ciclo lunar ascendente (da lua nova até a lua cheia), Ida é dominante por nove dias em uma quinzena, na hora do nascer do sol e do pôr do sol.

3. Pingala

A nadi Pingala é parte do canal direito, portadora das correntes de energia solar. Como o sol, essa nadi é masculina por natureza. É um depósito de energia que, segundo o *Vishvasara Tantra*, é consumida nas atividades musculares que requerem força física e velocidade. A nadi Pingala torna o corpo físico mais dinâmico e mais eficiente, e é ela que proporciona um suplemento de vitalidade e poder masculino. Ao contrário da energia lunar *sáttvica* calmante, propícia ao foco mental, a energia solar *rajásica* do Pingala causa a diversificação da mente, não sendo, portanto, adequada para a meditação. Como a nadi Ida, Pingala também é purificadora, mas a sua limpeza é da natureza do fogo. A concentração no sol, por meio do exercício yogue de *Surya Namaskar* feito ao nascer do sol, ajuda a transformar a energia masculina indomada de Pingala em energia construtiva (*Vishvasara Tantra*). Assim como Ida é identificada com o Ganges, Pingala é identificada com o rio Yamuna.

Às vezes Pingala é representada como o olho direito. No Svara-Yoga, a Pingala representa a respiração direita, isto é, a respiração fluindo para dentro e para fora da narina direita. No Tantra, "direito" é descrito como elétrico, masculino, verbal e racional por natureza. Todas as práticas yogues de respiração *pranayama* começam com a inalação pela narina esquerda, exceto *surya bhedana pranayama* (respiração para aumentar o poder solar), na qual a inalação começa pela narina direita, estimulando assim a nadi Pingala. Esse *pranayama* é realizado para aumentar o vigor, a resistência e a energia solar. No Svara-Yoga é reconhecido que a nadi Pingala torna o macho "um puro macho", assim como Ida torna uma fêmea "pura fêmea". A predominância da narina direita é recomendada para atividades físicas, empregos temporários, discussões, debates e, certamente, duelos.

O *Purusha Sukta* diz: "Dos olhos vem o sol" (*chakshor suryo ajayatah*), querendo dizer que o sol nasceu dos olhos de *Virata Purusha*. Os olhos são veículos do sol. Os olhos discriminam. Os olhos e o sol estão relacionados ao intelecto e ao cérebro racional. A noite é uma hora de fantasia e a predominância do cérebro racional (predominância da narina direita) à noite impede que a pessoa gaste energia ao fantasiar. Grandes pensadores usam a noite para a contemplação. É dito que "quando é noite para as pessoas mundanas, é dia para os yogues". A prática yogue de manter a narina direita aberta à noite, quando a energia solar é menos forte, mantém o equilíbrio de um organismo saudável. Manter a nadi Ida *sáttvica* ativa durante o dia e a nadi Pingala *rajásica* ativa à noite (*tamásica*) aumenta a nossa vitalidade global e longevidade.

A nadi Pingala, como a Ida, é uma nadi mental (*manovahi*) e prânica (*pranavahi*). Ela é mais ativa durante o ciclo lunar descendente (da lua cheia para a lua nova) e opera por nove dias em uma quinzena, na hora do nascer do sol e do pôr do sol. O controle voluntário sobre as nadis Ida e Pingala pode ser conseguido por meio da prática de Svara-Yoga ou das disciplinas de *pranayama*. A nadi Pingala traz a energia para baixo a partir do centro de combustão do cérebro, onde a matéria (oxigênio e glicose) é convertida em energia doadora de vida (*prana*).

4. Gandhari

A nadi Gandhari se estende da parte inferior do canto do olho esquerdo até o dedão do pé esquerdo. A Gandhari está situada ao lado da nadi Ida e ajuda a sustentá-la. Ela é usada para transportar energia psíquica da parte inferior do corpo para cima, até o chakra Ajna. A nadi Gandhari é energizada pela prática da forma da postura de lótus chamada de *baddha padmasana*, na qual o praticante cruza os braços por trás das costas enquanto senta-se na postura de lótus e então agarra o dedão do pé esquerdo com a mão direita e o dedão do pé direito com a mão esquerda.

5. Hastajihva

A nadi Hastajihva se estende da parte inferior do canto do olho direito até o dedão do pé esquerdo. Juntamente com a nadi Gandhari, essa é uma nadi complementar à Ida; as três juntas formam o canal esquerdo. O *Shiva Svarodaya* descreve o ponto terminal de Hastajihva como sendo no olho direito, embora a *Jabala Upanishad* (o mesmo nome que Satyakama Jabala) afirma que o ponto terminal é no olho esquerdo.

6. Yashasvini

A nadi Yashasvini se estende do dedão direito até o ouvido esquerdo e é uma nadi complementar a Pingala.

7. Pusha

A nadi Pusha se estende do dedão esquerdo até o ouvido direito. Essa nadi, juntamente com as nadis Yashasvini e Pingala, formam o canal direito.

8. Alambusha

A nadi Alambusha começa no ânus e termina na boca.

9. Kuhu

A nadi Kuhu se origina na garganta e termina nos genitais. A nadi Kuhu ajuda a nadi Chitrini a servir como portadora do *bindu* (o sêmen ou essência do fluido seminal); juntas elas causam a ejaculação. Os praticantes de um exercício conhecido como *vajroli* são capazes de dominar essa nadi e fazer ascender seu fluido seminal do segundo chakra até o chakra Soma, dentro do chakra Sahasrara. A prática de *vajroli* é para o aspirante homem. Ele começa sugando a água para cima através do *linga* (órgão genital masculino). O leite é gradualmente misturado à água em proporções crescentes. Quando o aspirante for capaz de sugar puro leite, ele pode avançar para o estágio em que é capaz de absorver óleo, que é mais pesado que o leite. O passo seguinte é o domínio sobre a ingestão de puro mercúrio. Durante esses processos, o aspirante desenvolve seu potencial para trabalhar com o *prana* e à medida que avançar, a ponto de poder sugar mercúrio através do seu *linga*, ele se tornará capaz de recolher seu próprio fluido seminal, juntamente com o fluido vaginal de sua contraparte feminina. Esta última prática o conduz a um estado de *samadhi* (não dualidade realizada) por intermédio da união de opostos (os dois fluidos) dentro do seu próprio corpo físico.

Exercícios deste tipo devem ser praticados apenas sob a orientação de um professor experiente!

10. Shankhini

Shankhini se origina na garganta e se move entre as nadis Sarasvati e Gandhari no lado esquerdo da nadi Sushumna, terminando no ânus. A nadi Shankhini se torna ativa por meio das práticas de purificação de *vasti* (enemas) e de *Ganesha Kriya* (lavar o ânus). Essas duas práticas têm um grande valor medicinal; elas deveriam ser aprendidas por intermédio de instruções de um experiente professor de Yoga.

11. Nadi Sarasvati

Junto com as nadis Ida, Pingala e Sushumna, a nadi Sarasvati se origina no *kanda* do chakra Muladhara e termina na língua. Na Índia se costuma dizer que Sarasvati, a deusa da fala, do conhecimento e das belas-artes, vive na língua e uma vez por dia ela se expressa em todos os seres humanos; o que a pessoa disser nesse momento se torna verdade. Pela observância das disciplinas e purificação, essa nadi se torna ativa e, finalmente, o que quer que a pessoa diga, durante esse período, torna-se verdade. O final da língua é na garganta e, portanto, se diz às vezes que Sarasvati reside na garganta, em particular, nas cordas vocais, o órgão físico da fala. A nadi Sarasvati é de cor branco-cânfora e natureza lunar; ela corre paralela à Sushumna e é um canal complementar.

12. Nadi Payasvini

A nadi Payasvini flui entre as nadis Pusha e Sarasvati. Seu ponto terminal é localizado no ouvido direito. A iconografia antiga retrata divindades, sábios e encarnações do Si Mesmo divino (*avataras*) usando brincos espetaculares. Esses ornamentos servem a um propósito especial. Uma certa parte do lóbulo da orelha está conectada com os nervos do crânio e um brinco de puro metal inserido nesse ponto dá ao sistema o acesso a íons e à eletricidade estática do ambiente. Assim os yogues, ao furar as orelhas e inserir brincos, são capazes de ativar a nadi Payasvini. Até mesmo hoje, os tântricos conhecidos como yogues Kamphata (que pertencem à linhagem Natha dos yogues) usam grandes brincos em forma de argola.

13. Nadi Varuni

A nadi Varuni está situada entre as nadis Yashasvini e Kuhu. É uma nadi *pranavahi* que ajuda a purificar as toxinas da área inferior do tronco. Assim como a nadi Shankhini, esta termina no ânus e pode ser ativada por *vasti* (enemas) e *Ganesha Kriya* (lavar o ânus). Essa nadi também pode ser ativada por meio da purificação da água. Quando a nadi Varuni não está funcionando de maneira adequada, o *apana* (o vento ou ar que reside no tronco inferior) pode se tornar perturbado, causando um aumento em *tamas* (inércia). A nadi Varuni permeia toda a área do torso inferior e ajuda a manter o *apana* livre de toxinas. As nadis *Apana* e Varuni juntas ajudam no processo de excreção.

14. Vishvodara

A nadi Vishvodara flui entre as nadis Kuhu e Hastajihva e reside na região do umbigo. Essa nadi está conectada com a digestão de todos os tipos de alimentos. A nadi Vishvodara pode ser energizada pelos exercícios yogues *nauli kriya* e Uddiyana Bandha (detalhados posteriormente neste capítulo), que envolvem a contração dos músculos retos abdominais. A nadi Vishvodara está relacionada com as glândulas suprarrenais e o pâncreas e, juntamente com a nadi Varuni, melhora a distribuição e fluxo do *prana* pelo corpo todo, especialmente o *prana* que sobe através da nadi Sushumna.

As escrituras do Yoga mencionam muitas outras nadis secundárias, tais como: a nadi Raka, que causa sede, espirro e muco nas narinas; a nadi Shura, que termina entre as sobrancelhas; a nadi Vilambini, que se origina no *kanda* e se ramifica para cima, para baixo e no sentido oblíquo. Entretanto, as catorze nadis acima mencionadas são as principais. Destas, as dez primeiras são as mais importantes, porque estão relacionadas ao que é chamado de dez "portões", por meio dos quais o *prana* deixa o corpo. Segundo a tradição hindu, o corpo é um castelo com dez aberturas ou portões e, na morte, a nossa força vital sai por um dos dez. O *Shiva Svarodaya* relaciona as primeiras dez nadis com os dez portões do seguinte modo:

1. Sushumna, relacionado com Brahma Randhra, o décimo portão (fontanela ou moleira)
2. Ida, a narina esquerda, relacionada com o nono portão
3. Pingala, a narina direita, relacionada com o oitavo portão
4. Gandhari, o olho esquerdo, relacionado ao sétimo portão
5. Hastajihva, o olho direito, relacionado com o sexto portão
6. Yashasvini, o ouvido esquerdo, relacionado com o quinto portão
7. Pusha, o ouvido direito, relacionado ao quarto portão
8. Alambusha, a boca, relacionada ao terceiro portão
9. Kuhu, os genitais, relacionados ao segundo portão
10. Shankhini, o ânus, relacionado ao primeiro portão

A maioria dos animais deixa o corpo através do primeiro e do segundo portões: eles defecam e urinam na hora da morte. A maioria dos seres humanos deixa o corpo através de um dos portões entre o terceiro e o nono, morrendo de boca aberta, sangrando pelas narinas, olhos abertos ou gotas de sangue saindo das orelhas. Apenas os yogues deixam o corpo pelo décimo portão, o portão da libertação (*moksha*). Esse portão é aberto na hora do nascimento e é sentido como um "ponto mole" na cabeça de um recém-nascido. Depois de seis meses, ele começa a se endurecer, depois do que ele só pode ser reaberto por intermédio de práticas yogues especiais. Aquele que deixa o corpo por esse portão não volta e fica livre do ciclo da vida e da morte.

COMO DESPERTAR A KUNDALINI

O pré-requisito básico para despertar a energia dormente da Kundalini é a purificação do corpo e da mente. A purificação é um artifício para liberar todo o sistema das toxinas acumuladas. Pelo fato de corpo e mente sempre trabalharem em coordenação um com o outro, a purificação do corpo ajuda a da mente e vice-versa.

Purificação do corpo

Existem diversas maneiras pelas quais o corpo pode ser profundamente purificado. Alguns artifícios são comuns a muitas culturas diferentes; várias ciências médicas têm seus próprios métodos. O Ayurveda, a ciência indiana da medicina, prescreve o jejum como o método mais eficaz. Três dias tomando apenas água morna limpa o corpo de toxinas e cura doenças sem remédios. O Hatha-Yoga apresenta um sistema bem definido conhecido como *Shat Karmas*, seis atos de purificação (*Shat* – seis, *karman* – ato). Estes foram projetados por yogues para purificar o corpo e a mente ao mesmo tempo. Quando orientados e administrados de maneira adequada, esses seis atos de purificação são muito eficazes. Eles são mais bem realizados em um local limpo, quieto e é recomendado de maneira enfática que sejam feitos sob a orientação de um iniciado que tenha pleno domínio desses processos. O Yoga recomenda que os detalhes específicos das técnicas de *Shat Karma* sejam mantidos em segredo entre os iniciados yogues. Os *Shat Karmas* são:

1. Dhauti – Limpeza da garganta

Pegue um pano de algodão de quatro dedos de largura e quinze palmos de comprimento. (Um palmo é igual ao comprimento da mão, do dedo indicador até o punho. Essa medida difere de pessoa para pessoa; por isso, cada uma usa como medida o próprio palmo nesses exercícios.) Uma longa faixa de pano de musselina macio e novo seria adequado. Molhe-o com água morna, engula-o aos poucos e depois o puxe para fora devagar e de modo suave, segundo as instruções do especialista. Comece engolindo um palmo no primeiro dia e aumente um palmo de comprimento por dia. Certifique-se de que o pano esteja morno quando você o engolir.

A prática *dhauti* leva quinze dias. As pessoas que sofrem de doenças causadas por muco ou catarro podem prolongar a prática. *Dhauti* limpa o canal alimentar, cura doenças dos brônquios, asma, doenças do baço, doenças de pele e todas as doenças causadas por muco.

2. Vasti – Limpeza do trato intestinal inferior/anal

Pegue um pedaço de bambu macio e novo de cerca de seis dedos de comprimento e um dedo e meio de diâmetro. Aplique manteiga para que fique escorregadio. Sente-se em uma banheira com água até o umbigo. Fique em *utkatasana* (fique de cócoras equilibrando o corpo nos dedos dos pés) e insira cerca de quatro dedos do tubo no ânus; contraia o ânus para puxar água para dentro. Balance a água internamente e depois lance fora. Repita várias vezes.

3. Neti – Limpeza da cavidade nasal

Pegue um pedaço de fio de linha sem nenhum nó. Torne-a mais macia com *ghee* (manteiga clarificada). Coloque uma extremidade da linha em uma narina e, fechando a outra narina com um dedo, inale através da narina aberta e exale pela boca. Ao repetir esse processo, o fio será inalado até a garganta. Puxe a linha suavemente. Repita o processo, começando com a narina oposta. Então será possível colocar o fio em uma narina e puxá-lo para fora pela outra. Assim o processo está completo.

Neti purifica as passagens nasais, os sínus, o lobo frontal e a parte da frente do cérebro. Estimula todo o sistema nervoso, aumenta a visão e possibilita a percepção de coisas sutis pelos olhos. *Neti* também é realizado absorvendo a água pelas narinas e cuspindo-a pela boca. Isso é chamado de *jala neti*.

4. Trataka – Exercício de limpeza dos olhos

Trataka é uma prática yogue de fixar o olhar em um objeto minúsculo com completa concentração e sem piscar até começar a lacrimejar. Quando as lágrimas correm, os olhos estão fechados e a imagem que persiste é visualizada até desaparecer.

Por meio de *trataka* conseguimos a orientação focada da mente. *Trataka* ajuda a curar doenças dos olhos e estimula o crescimento e desenvolvimento da glândula pineal. Essa prática também desenvolve a "consciência da testemunha", um estado de observação de nossas ações internas e externas sem envolvimento emocional.

5. Nauli – Exercício abdominal

Este exercício é o clímax do Hatha-Yoga. Ele é difícil e requer muita prática. No início, pode parecer impossível, mas por meio de constante força de vontade *nauli* pode ser dominado a fundo.

Incline-se levemente para a frente, em pé com os pés afastados e as mãos nos joelhos. Expire todo o ar dos pulmões. Contraia os músculos abdominais, encolhendo-os tanto quanto possível. Duas nadis mostrarão proeminência. Gire-as com os músculos abdominais para a direita e para a esquerda na velocidade de um redemoinho rápido. Inspire após a rotação. Repita várias vezes.

Nauli estimula o fogo gástrico, aumenta o poder digestivo, induz alegria, aumenta o brilho da pele, estimula o sistema nervoso e equilibra desordens criadas por flatulência, bile e muco.

6. Kapalabhati – Exercício de limpeza do crânio

Inspire e expire de maneira rápida e uniforme, como o fole de um ferreiro. Pare assim que sentir qualquer esforço excessivo. *Kapalabhati* destrói todas as doenças causadas por muco.

Existe um outro exercício distinto de purificação chamado *gaja karini* que não é parte dos *Shat Karmas*, mas que também é prescrito no Hatha-Yoga. Ele é realizado puxando-se o *apana* para cima para a garganta e vomitando quaisquer substâncias (comida, água etc.) que estão presentes no estômago. A prática gradual dessa limpeza do estômago traz a respiração e todas as nadis sob controle.

PURIFICAÇÃO DA MENTE

A mente não é uma entidade em si mesma; é apenas um instrumento do factor do eu. A experiência do mundo exterior torna-se facilmente possível pelas ferramentas que têm o factor do eu, mas para experimentar o mundo interior, o factor do eu precisa se libertar das impressões do mundo exterior, o que é difícil. Isso não é possível na consciência desperta, no sonho ou no estado de sono. É possível apenas quando a mente está calma.

Para purificar a mente, todas as linhas e escolas de Yoga prescrevem uma fórmula de oito passos, conhecida como *Ashtanga Yoga* (*ashta* – oito, *anga* – membros ou partes, *yoga* – união com o verdadeiro Si Mesmo). Os oito membros são: (1) *Yama* (Controle), (2) *Niyama* (Regras de Ouro de Conduta), (3) *Asana* (Posturas), (4) *Pranayama* (Controle da Respiração), (5) *Pratyahara* (Recolhimento das Percepções Sensoriais), (6) *Dharana* (Concentração), (7) *Dhyana* (Meditação Ininterrupta), (8) *Samadhi* (*Dhyana* Ininterrupta, Completo Equilíbrio). A prática de Ashtanga-Yoga é necessária, seja qual for o caminho yogue seguido. Apenas com a prática desses oito passos de Yoga podemos experimentar a verdadeira liberdade da consciência limitada pelo tempo. (Para conhecimento mais aprofundado de Yoga, recorra ao apêndice.)

Os antigos videntes do Yoga acreditavam que o objetivo supremo da vida humana é a autorrealização: viver uma vida que não está centrada na gratificação dos sentidos, mas em que a energia é usada na correta proporção em cada dimensão da vida. Os antigos videntes acreditavam que se tem que viver uma vida disciplinada e que uma vida organizada e sistemática é o início de todo Yoga. Para eles, o Yoga não era um *hobby*, mas a maneira de viver de uma pessoa sábia. Cada um dos oito passos do Ashtanga-Yoga foi projetado para criar uma pessoa sem egoísmo. Os seres humanos tendem a ser egoístas, o que não apenas os torna inamistosos em relação aos que os cercam, mas também em relação ao ambiente em que vivem. Portanto, os professores de Yoga aconselham seus aspirantes a seguir um código de conduta para ajudá-los a realizar os oito passos de purificação da mente, controlando o dispêndio desnecessário de energia por meio de uma vida disciplinada.

1. Coma menos. Coma alimentos simples, nutritivos, frescos, facilmente digeríveis. Coma para satisfazer a fome, mas não mantenha a letargia; permaneça leve, alerta e alegre.
2. Beba menos. Mas não menos do que o mínimo requerido pelo corpo, segundo a idade e as condições sazonais.
3. Fale menos. Evite discussões desnecessárias, mentiras e fantasias.
4. Durma menos. Evite o dispêndio de energia nos sonhos.
5. Fique sozinho. Por algum tempo, aprecie o seu próprio eu. Evite a excitação que acontece quando se está cercado de pessoas.
6. Evite o uso excessivo de sabor ácido, picante e forte.
7. Evite a excessiva intimidade ou amizade e o ódio extremo.
8. Seja desapegado em relação a realizações e aquisições mundanas.
9. Seja forte, mental e fisicamente. Não se perturbe com o sucesso e o fracasso.
10. Tenha uma mente controlada e não corra atrás de tudo o que o fascina.
11. Não dispenda energia na gratificação de desejos sensuais.
12. Mantenha certa distância dos membros do sexo oposto. Evite ser massageado por eles. Massageie a si mesmo mas não com a finalidade de desfrutar do toque.
13. Evite todo tipo de aromas, cheiros e óleos; use o aroma natural das flores e do incenso.
14. Seja independente; não dependa dos outros; faça as coisas você mesmo.
15. Sirva àqueles de quem você aprende (o seu guru).
16. Abandone desejos que satisfazem apenas a você.

17. Abandone a raiva. Ela destrói o equilíbrio eletroquímico.
18. Desista do orgulho, da autoestima e da vaidade.
19. Desista da ganância. Ela torna as pessoas egoístas, desconfiadas, ciumentas e astutas.
20. Sobreviva somente com o indispensável.
21. Não engane ninguém. Isso cria uma dupla personalidade e faz a pessoa perder a autoconfiança e o magnetismo pessoal (*ojas*).
22. Não se gabe. Isso cria presunção.
23. Não fale mentiras. Elas só demonstram que você não confia em si mesmo.
24. Não venere fantasmas e espíritos; venere a divindade em forma viva, pura, compassiva.
25. Não use drogas para prolongar a vida. Elas destroem a resistência natural.
26. Evite conferências, agrupamentos públicos, teatros e lugares onde a mente fica agitada.
27. Mantenha o contentamento. Isso traz satisfação.
28. Seja atencioso, mas não espere agradecimentos.

Seguir essas 28 sugestões ajuda o aspirante a superar a sua natureza mundana, a qual faz com que ele se esqueça do seu ser mais íntimo. A pessoa cuja mente é completamente orientada para o materialismo e o mundo exterior encontra-se sob o domínio de traços como a sensualidade, a ganância, a luxúria, a maldade, o orgulho e a raiva. Entretanto, se o aspirante seguir essas 28 sugestões práticas, a dor e o imenso sofrimento, que é um resultado natural da vida mundana, nunca surgirão. Esse código de conduta também cria uma atitude no aspirante que torna fácil seguir o caminho do Ashtanga-Yoga. Depois de ter praticado essas 28 disciplinas, a pessoa está pronta para empreender os oito passos que levam à união máxima do factor do eu com a suprema consciência.

1. *Yama* – Controle

Yama é um processo mediante o qual as ações do corpo e as funções da mente são controladas por meio da vontade. Esse processo purifica as palavras, os pensamentos e os atos do aspirante, tornando-o apto para atingir o aspecto mais profundo do seu próprio eu que permanece adormecido em uma vida indisciplinada. Por meio da prática de *yama* um poder interior desconhecido é experimentado, porque o corpo se torna imóvel e a mente, tranquila e capaz de funcionar melhor. Existem dez *yamas*:

1. Não violência
2. Verdade
3. Honestidade
4. Abstinência sexual
5. Paciência
6. Firmeza
7. Gentileza
8. Franqueza
9. Moderação na dieta
10. Pureza (limpeza corporal)

2. *Niyama* – Regras de Ouro de Conduta

Depois de seguir os *yamas* é possível seguir sem esforço as regras de conduta, intensificando dessa maneira o desenvolvimento da nossa natureza espiritual que nos torna inofensivos, abnegados, amigáveis, amorosos e cheios de respeito por toda a criação, desde os minerais até o homem. Os dez *niyamas* são:

1. Austeridade
2. Contentamento
3. Crença em Deus
4. Caridade
5. Veneração de Deus em qualquer forma
6. Abertura e estudo constante, por meio de leituras ou da escuta às explanações dos ensinamentos ou doutrinas e escrituras.
7. Modéstia
8. Ter uma mente perspicaz
9. Repetição de preces (*japas*)
10. Observância de votos e realização de sacrifícios

A prática constante dos *niyamas* cria uma atitude espiritual e desperta a "consciência da testemunha". A pessoa se torna reflexiva e modesta, e sua energia espiritual começa a operar. Por intermédio da aplicação destas disciplinas, a mente, de modo automático, se desabitua do apego desnecessário aos objetos mundanos e a pessoa torna-se capaz de se concentrar.

3. *Asana* – Posturas (literalmente, "posturas sentadas")

Se o corpo não estiver sob controle, a mente não consegue funcionar de maneira desimpedida. Assim, o nosso próprio corpo é nosso maior obstáculo. Para aquietar a mente, devemos praticar algumas técnicas especiais para atingir o controle sobre a nossa musculatura e membros, para que estejam confortáveis na ausência de movimento. Um corpo sem movimentos torna a mente quieta. Essa técnica de fazer o corpo se sentir confortável e imóvel por meio da vontade é chamada de *asana*.

Os *asanas* são projetados para proporcionar maior elasticidade à musculatura, regular a circulação, dirigir a energia para se mover por meio da vontade e relaxar o corpo. Os músculos às vezes apresentam obstáculos e então a mente não consegue se acalmar. Entretanto, aquele que leva uma vida pura e disciplinada não será perturbado por essa consciência corporal e será capaz de escolher uma postura adequada para a concentração. Há 84 posturas descritas no Hatha-Yoga, mas nem todas as posturas são prescritas em todos os momentos e em todas as situações. Existem posturas que são usadas para a meditação, para controlar a respiração e para a prática de *mantra japa* (repetição de sons). Existem também posturas que aumentam o poder de resistência do corpo. Ao praticar diversas posturas, o corpo é limpo das toxinas e transformado em um instrumento mais adequado.

Os aspectos mais importantes dos *asanas* são a coluna reta, a cabeça e o pescoço eretos e alinhados, e o corpo imóvel de maneira confortável. Atingir a postura correta tem um efeito de nivelamento, acalmando as forças presentes no corpo e diminuindo a velocidade da respiração e circulação sanguínea; ela torna a pessoa firme e estável, facilita a meditação e ajuda a curar doenças e a inconstância da mente. Alguns *asanas* ativam diversos centros nervosos e ajudam o corpo a secretar hormônios do crescimento e produzir anticorpos. A *Shandi-*

Iyopanishad diz que todas as doenças do corpo são destruídas pela prática das posturas (*asanas*) e até mesmo os venenos podem ser assimilados.

Uma (qualquer uma) postura deve ser escolhida e dominada, caso não seja possível o domínio das 84 posturas. Na *Mandalabrahmanopanishad* está escrito que quando uma postura é executada de modo adequado, há uma sensação natural de bem-estar e conforto; há também a capacidade de prolongar a duração da postura sem desconforto. O *Yoga-Sutra* de Patanjali recomenda qualquer postura que possa ser assumida por um longo período de tempo, sem nenhum desconforto ou sensação de mal-estar. *Padmasana* (postura de lótus) e *siddhasana* (postura "perfeita") são dois *asanas* altamente louvados.

O Tantra acredita que quando um aspirante pode permanecer em um *asana* por cerca de seis horas, ele ou ela desenvolve um poder chamado de *asana siddhi*. O seu magnetismo pessoal aumenta e ele ou ela obtém sem esforço tudo de que necessita. A *Trishikhibrahmanopanishad* diz que os três mundos são conquistados por aquele que dominou os *asanas*.

Patanjali oferece duas sugestões para adquirir maestria dos *asanas*: (1) manter a postura física em uma posição imóvel por longos períodos, dominando a postura de modo gradual por meio da força de vontade, e (2) meditar no senhor infinito que mantém e equilibra a terra sob a forma da grande serpente Shesha. Quando o aspirante é capaz de sentar-se em uma postura de modo estável e confortável por um longo tempo, há um movimento de energia nos centros superiores. Por intermédio da estabilidade do *asana*, a mente se torna estável.

4. *Pranayama* – Controle da Respiração

Por meio do *prana*, a força vital, o corpo funciona como um organismo vivo. *Prana* conecta os seres vivos com o seu meio ambiente e provê todos os tipos de energia necessários para a sua sobrevivência. Pelo fato de nós, seres humanos, termos recebido essa força vital pela respiração, o *pranayama* é o controle da respiração. O sistema nervoso está especialmente relacionado ao *prana*; o controle da respiração é possível apenas com a ajuda dos nervos. A respiração lenta e profunda não é o mesmo que *pranayama*, embora ela promova a saúde em um grau moderado, devido à entrada aumentada de oxigênio num ritmo mais lento do que a velocidade normal de quinze respirações por minuto. Diminuir a velocidade da respiração diminui o ritmo da mente, o que acalma a mente, mas isso não é *pranayama*. Isso é apenas respiração lenta. (Os benefícios de reduzir o ritmo da respiração são mencionados em meu livro, *Breath, Mind and Consciousness*, p. 51.)

Pranayama significa respirar de uma maneira especial, na qual o *prana* é controlado e a suspensão da respiração pode ser aumentada. Tanto a inalação quanto a exalação são realizadas pelas narinas. A respiração nasal influencia o lobo frontal do cérebro, porque a inalação do ar, que é frio por natureza, esfria os sínus frontais e, portanto, o lobo frontal. A mudança de temperatura influencia a atividade do cérebro; a mente, que usa o cérebro como um instrumento, também se acalma. Um estado de mente oscilante é criado pela respiração através das narinas, que ativa as nadis Ida e Pingala. A suspensão da respiração cria um estado não oscilante na mente. Quando a respiração pelas narinas cessa, Ida e Pingala funcionam muito menos e o fluxo da Sushumna começa. Parar a respiração com a ajuda dos nervos diminui a atividade muscular; quando o *pranayama* é realizado durante um *asana* que torna o corpo imóvel, ele cria uma concentração prolongada e profunda. A cognição, a conação e a volição funcionam enquanto se respira. Diminuir o ritmo da respiração diminui essas funções e parar a respiração as detém.

O objetivo do *pranayama* é atingir o estado de *kevala kumbhaka*, suspensão automática da respiração. Para atingir esse estado, o aspirante tem que seguir as 28 sugestões do código de conduta mencionadas anteriormente. Alguém que dorme menos, mas de modo profundo, come menos, mas tem uma dieta nutritiva, não tem anseios ou desejos mundanos e sim um forte desejo de atingir o estado de *turiya*, deveria praticar *pranayama* em um lugar privado sob a orientação de um guru eficiente e gentil. As manhãs (madrugada) e tardes (crepúsculo) são as melhores horas para se praticar *pranayama*.

O processo de *pranayama* consiste em três passos:

1. Inalação (*puraka*)
2. Manter a respiração nos pulmões ou suspensão da respiração (*kumbhaka*)
3. Exalação (*rechaka*)

A respiração é suspensa (*kumbhaka*) tanto antes da inalação (*puraka*) quanto depois da exalação (*rechaka*). A suspensão da respiração entre *puraka* e *rechaka* é chamada de *antah* (interno) *kumbhaka*, porque os pulmões estão retendo o ar que foi inalado. A suspensão da respiração, quando os pulmões estão vazios depois da exalação e antes da próxima entrada de ar, é chamada de *bahir* (externo) *kumbhaka*. Em *puraka*, a inspiração se dá através de uma das narinas (de preferência, a narina esquerda, exceto em *pranayamas* especiais), como sugar água através de um tubo. Em *rechaka* o ar é expelido através da outra narina para esvaziar os pulmões.

Durante o *pranayama*, três tipos de controle muscular (*bandhas*) deveriam ser adotados. Os *bandhas* são artifícios para bloquear as áreas no corpo onde a energia está temporariamente contida, de modo que ela possa ser dirigida da maneira que o yogue desejar. Esses três *bandhas* ajudam a abrir o caminho da Sushumna e despertar a Kundalini.

1. Mula Bandha: esse bloqueio é realizado ao se comprimir o períneo com o calcanhar esquerdo e colocando-se o pé direito sobre a coxa esquerda. O *sadhaka* (praticante) deve então contrair o ânus, levando *apana* para cima através da Sushumna. Ao pressionar o ânus com o calcanhar, o *sadhaka* então comprime o ar à força, repetindo o processo até que o *apana* continue se movendo em direção ascendente. Quando o *apana* alcança a região do umbigo, ele aumenta o fogo gástrico. Então o *apana*, combinado com o fogo do chakra Manipura, penetra através do chakra Anahata, onde se mistura com o *prana* cuja sede é na região do coração e dos pulmões. O *prana* é quente por natureza e esse calor aumenta mais com a combustão criada a partir da fusão dos íons negativos de *prana* e dos íons positivos de *apana*. Segundo as escrituras tântricas, é por meio desse extremo calor e força combustiva que a Kundalini dormente é despertada, assim como uma serpente, atingida por uma vara, sibila e se endireita. Então, como uma serpente entrando em sua toca, a Kundalini entra na Sushumna e ascende através da nadi Brahma. Os yogues, portanto, fazem do Mula Bandha uma prática regular.

2. Uddiyana Bandha: O significado literal de *uddiyana* em sânscrito é "voar para cima". O yogue executa esse bloqueio de modo que o grande pássaro de *prana* voe para cima através da Sushumna de modo incessante. O aspirante encolhe os músculos abdominais na região do umbigo em direção à coluna e para cima em direção ao coração. Isso é facilitado quando, em primeiro lugar, se expele todo o ar presente na região abdominal. Segundo os *shastras* (escrituras), este *bandha* rejuvenesce o corpo. Ele é chamado de "o leão que mata o elefante da morte". Um *sadhaka* que está envelhecendo pode rejuvenescer por meio da prática regular de Uddiyana Bandha. Leva cerca de seis meses de prática regular para dominar a arte de Uddiyana Bandha, depois do que o *prana* começa a circular para cima através da Sushumna, alcançando o chakra Sahasrara. Essa ação provoca a última fusão no Lótus de Mil-Pétalas, e nesse ponto o *sadhaka* automaticamente alcança o estado de *samadhi*.

3. Jalandhara Bandha: Este *bandha* é executado contraindo-se a garganta e depois colocando o queixo firmemente na cavidade entre o peito e o pescoço (cerca de oito dedos de largura acima do peito). Existe uma rede de nadis sutis nessa juntura. A garganta é a localização do chakra Vishuddha e ele liga os dezesseis órgãos de sustentação: dedos dos pés, tornozelos, joelhos, coxas, períneo, órgãos reprodutores, umbigo, coração, pescoço, garganta/língua, nariz, centro das sobrancelhas, testa, cabeça, cérebro e a nadi Sushumna no crânio. Por meio da prática regular do Jalandhara Bandha, todas as doenças da garganta são destruídas e os dezesseis órgãos de sustentação são vitalizados.

O Jalandhara Bandha corta a circulação dos fluidos a partir da cabeça, e um circuito independente é estabelecido. Por meio desse *bandha* o fluxo descendente dos fluidos a partir da cavidade do palato é impedido. Esse fluido é descrito como *soma* (néctar ou elixir). Esse fluido cerebrospinal é composto de vários hormônios nutrientes que estimulam o crescimento e desenvolvimento do organismo. Normalmente esse fluido flui num sentido descendente e é consumido pelo fogo gástrico. Quando se atinge o completo domínio sobre o Jalandhara Bandha, o néctar não flui para baixo e as nadis Ida e Pingala, que são, respectivamente, correntes lunares e solares, são comprimidas e param de funcionar. Isso reduz a velocidade da respiração até que ela se torna imóvel. O *soma* é reciclado e canalizado para revitalizar o organismo como um todo. O praticante é rejuvenescido, as doenças são removidas e a duração da vida é aumentada.

Os três *bandhas* são artifícios excelentes para se despertar a Kundalini, abrindo o caminho da Sushumna, acalmando a atividade de Ida e Pingala, fundindo *prana* com *apana* e aperfeiçoando o Kundalini-Yoga. Os bloqueios deveriam ser usados da seguinte maneira: (1) o bloqueio anal (Mula Bandha) deveria ser feito no início e mantido durante todo o *pranayama*; (2) no final da inalação (*puraka*), o bloqueio do queixo (Jalandhara Bandha) deveria ser realizado; (3) no final da exalação (*rechaka*), a contração abdominal (Uddiyana Bandha) deveria ser executada; (4) durante a suspensão da respiração (*kumbhaka*), todos os três bloqueios deveriam ser usados.

A ordem do *pranayama* de acordo com a *Trishikhibrahmanopanishad* é:

1. Exalação (*rechaka*)
2. Inalação (*puraka*)
3. Suspensão ou manter a respiração nos pulmões (*kumbhaka*)
4. Exalação (*rechaka*)
5. Suspensão novamente com os pulmões vazios (*kumbhaka*)

Para executar o *pranayama*, deve-se assumir uma postura na qual o corpo está ereto, os dentes superiores e inferiores não se tocam e os olhos estão fixos no ponto entre as sobrancelhas. Deve-se então executar o bloqueio do queixo (Jalandhara Bandha). Depois deve-se fazer a expiração para esvaziar os pulmões através da narina direita, bloqueando-se a narina esquerda com os dedos da mão direita.

Depois da expiração, deve-se bloquear a narina direita e inalar através da narina esquerda, contando até dezesseis. Depois a respiração deve ser mantida nos pulmões contando-se até 64. Depois deve-se exalar através da narina direita até uma contagem de 32. As medidas relativas de *puraka* – *kumbhaka* – *rechaka* deveriam ser 1 – 4 – 2. O *kumbhaka* examinado aqui é chamado de *sahita kumbhaka* (*sahita* – junto) porque é feito junto com *puraka* e *rechaka*.

Respirar alternadamente entre as duas narinas afeta as correntes prânicas, limpa os canais prânicos sutis (nadis), abre a Sushumna, esfria os dois hemisférios do cérebro, suspende a atividade do cérebro e da mente e faz com que cesse, de modo temporário, qualquer diálogo interior. Existem muitos tipos de *pranayamas* com diferentes medidas de *puraka, rechaka* e *kumbhaka*. Por meio da prática do controle da respiração, um estado não respiratório se desenvolve de maneira gradual, no qual ocorre uma cessação natural da respiração (*kevala kumbhaka*). *Kevala kumbhaka* leva a uma concentração profunda. O período de retenção da respiração deve ser prolongado de maneira gradual e cuidadosa até que a respiração seja automaticamente suspensa. Depois que o aspirante se torna perito em *pranayamas*, a energia pode ser dirigida à Sushumna para promover a subida da Kundalini Shakti através da nadi Brahma.

O *pranayama* é muito mais eficaz em um corpo que tenha sido purificado pelos *Shat Karmas*. A função neuromotora da respiração está ligada com o sistema límbico do cérebro, que também está conectado com o comportamento emocional. Por causa dessa conexão, mudanças emocionais mudam o padrão respiratório. A respiração yogue às vezes revela emoções profundamente enterradas no subconsciente que transportam o aspirante para diferentes estados de consciência. No primeiro estágio do *pranayama* o aspirante transpira, no segundo estágio, o corpo estremece e no terceiro estágio o corpo se torna leve e o yogue pode levitar. Esses sinais aparecem apenas depois de uma prática de longo prazo de *pranayama*. A consumação do *pranayama* traz alegria, satisfação, pureza mental, calma, brilho de olhos e pele, boa digestão, autoconfiança e *siddhis* (capacidades/poderes).

5. Pratyahara – Recolhimento das Percepções Sensoriais

Pratyahara é o recolhimento dos sentidos em relação aos objetos que naturalmente os atraem. Assim, todas as conexões com o mundo externo são rompidas. *Pratyahara* parece ser o controle dos sentidos com a mente, mas a técnica real é o recolhimento da mente em direção ao Si Mesmo. Isso consiste em dois passos: (1) suspensão da respiração (*kumbhaka*) e (2) refrear a mente. Em geral, quando estamos completamente absorvidos em algo, nossos órgãos dos sentidos não registram nenhum sinal vindo de fora. Assim, nossa experiência diária mostra que o afastamento dos sentidos e da mente é possível. Tudo que é preciso é concentração profunda, unida à absorção completa.

O *pratyahara* tântrico é praticado quando a energia dormente da Kundalini no chakra Muladhara é despertada. O *prana* é absorvido na mente e a mente é absorvida na Kundalini. Quando a Kundalini sobe através dos chakras, as energias que residem nos elementos (nos cinco primeiros chakras) são absorvidas pela Kundalini. Os sentidos funcionam com a ajuda do *prana*, de modo que quando o *prana* é mantido em *kumbhaka* a função dos sentidos é suspensa de maneira automática. Os órgãos dos sentidos conectados com os chakras também são afastados e absorvidos pela Kundalini. Essa absorção e afastamento graduais é *pratyahara*. A suspensão da respiração é essencial nessa prática porque a Sushumna na maioria das vezes está adormecida. A respiração ativa as nadis Ida e Pingala, mas é a suspensão da respiração (*kumbhaka*) que ativa as nadis Sushumna, Vajrini e Chitra.

A prática constante de *pratyahara* provoca a interiorização e absorção da mente. Os sentidos se acalmam e renunciam ao seu anseio por objetos. Esta prática proporciona ao aspirante uma suprema maestria sobre os sentidos, tornando fácil o passo seguinte, *dharana*, ou concentração profunda.

6. *Dharana* – Concentração

De acordo com o *Rudrayamala Tantra* (2.27.34.5), *dharana* é concentração nos seis centros sutis dos chakras e no poder enrolado da Kundalini. A concentração nos chakras deve ser realizada numa sequência, começando do primeiro, o chakra Muladhara, e aos poucos indo até o Sahasrara, o sétimo chakra, que é a sede da suprema consciência na consciência individual. Essa prática cria o hábito da orientação unidirecional da mente. Por meio da concentração nos chakras, um após o outro, e na Kundalini que se move para cima, desde o primeiro até o sétimo chakra, cada um deles se torna um ponto para fixar a mente. Quando essa concentração é acompanhada pelos sons especiais (*mantras*) associados com cada chakra, ela eleva a consciência, a partir do nível sensorial e gera um estado de profunda concentração, acalmando as modificações mentais (*vrittis*).

O primeiro passo em *dharana* requer um *asana* que intensifique a concentração, um corpo imóvel e uma mente calma. A seguir vem o *pranayama*. Quando *dharana* se torna sólido e firme, a suspensão da respiração (*kumbhaka*) é prolongada de modo automático, ou então a inalação e a exalação são efetuadas de modo inconsciente e o ritmo respiratório diminui, reduzindo a atividade neuromotora e a atividade da mente. Depois de ter conseguido realizar o *pranayama* sem qualquer dificuldade e suspender a respiração sem esforço, o aspirante deve se concentrar na repetição mental das sílabas seminais (*bija mantras*) dos chakras durante os estágios *puraka, rechaka* e *kumbhaka* do *pranayama*. As sílabas seminais devem ser entoadas interiormente e não com as cordas vocais. A mente deve ser desviada para a contínua produção mental desses sons. Os processos de *puraka, rechaka* e *kumbhaka* não deveriam interromper essa repetição mental dos mantras. Manter a concentração nos sons seminais sem ser interrompido pela respiração é *dharana*. Entretanto, fixar a mente ou manter a concentração (*dharana*) não é o objetivo final; é apenas um meio de conseguir o estado meditativo de *dhyana*, profundo, contínuo, ininterrupto.

Cada um dos oito membros do Ashtanga-Yoga se desenvolve a partir dos outros. *Yama* e *niyama* preparam o aspirante para *asana*, e *asana* prepara o terreno para *pranayama*. *Pranayama* leva para *pratyahara* e deste para *dharana*, que leva para *dhyana* e *samadhi*. Assim, todos os passos trabalham em coordenação. *Yama* e *niyama* despertam a natureza espiritual e *pranayama* desperta a energia espiritual dormente enrolada. Nenhum desses passos pode ser evitado e quando um passo é praticado de modo suficiente, ele se torna habitual e isso facilita o acesso aos outros passos.

Para os aspirantes do Kundalini-Yoga, a concentração nas sílabas seminais significa concentração nos chakras, que na verdade é concentração na Kundalini. Esse é um processo de afastar a energia mental do campo perceptivo e mantê-la no campo espiritual. O *sadhaka* afasta a mente dos sentidos pela concentração nos pontos vitais. Existem dezoito pontos vitais mencionados nas escrituras: (1) pé, (2) dedão do pé, (3) tornozelo, (4) perna, (5) joelho, (6) coxa, (7) ânus, (8) genitais, (9) umbigo, (10) coração, (11) pescoço, (12) laringe, (13) palato, (14) narinas, (15) olhos, (16) espaço entre as sobrancelhas, (17) testa e (18) cabeça. Entre eles, os quatro pontos mais importantes são: (1) umbigo, (2) coração, (3) espaço entre as sobrancelhas (*trikuti*) e (4) cabeça (Sahasrara). Quando está envolvida com os sentidos, a mente cria dualidade e quando está afastada dos sentidos essa dualidade termina. Quando todas as modificações mentais (*vrittis*) são dissolvidas, a consciência que foi condicionada por elas atinge seu estado natural de não dualidade.

No Tantra, *dharana* (concentração) é feito não apenas nos centros sutis (chakras) e na energia espiritual da Kundalini, mas também no coração espiritual, a consciência individual (*jiva*), o Si Mesmo (em *trikuti*) e Sahasrara. Tradicionalmente, o coração tem sido reconhecido como a principal região para a fixação da mente, na medida em que é o centro ou sede da consciência individual (*jiva*). Entretanto, esse coração não é o coração anatômico, não é uma parte do mundo externo ou objetivo, na medida em que os sentidos estão completamente afastados em *dharana*. No Kundalini-Yoga, considera-se que o coração espiritual (*ananda kanda*) está no meio de um lótus de oito pétalas dentro do quarto chakra (ver ilustração do chakra Anahata). A concentração nesse ponto durante o recolhimento (*pratyahara*) leva à renúncia. Isso ajuda *dharana* e conduz a *dhyana*, uma meditação ininterrupta profunda.

7. *Dhyana* – Meditação Ininterrupta

Dhyana é meditação, na qual nem o *dhyata* (aquele sobre quem se medita) nem o *dhyana* (a consciência da meditação) existem. Quando o aspirante atinge *dhyana*, o factor do eu, a divindade enquanto consciência suprema e a consciência de *dhyana* (meditação), tudo isso desaparece. O factor do eu, a mente e o intelecto se dissolvem na Kundalini e a Kundalini se dissolve na consciência suprema. *Dhyana*, portanto, é a revelação da consciência pura, que não pode ser descrita em palavras ou vivida pelos sentidos, mente ou intelecto. É como uma gota que se funde com o oceano, tornando-se o próprio oceano. A consciência pura é como o oceano, um indivíduo ou factor do eu é a gota que se funde. A consciência pura, a verdade suprema, não pode ser atingida pelos sentidos, faculdades cognitivas, austeridade ou outros artifícios. Ela só pode ser experimentada em *dhyana*.

Esse estado só pode ser atingido depois que o corpo se torna imóvel, que a energia espiritual é ativada pelo *pranayama* (especialmente *kumbhaka*) e que a concentração (*dharana*) é praticada em conjunto com a repetição de mantras. Em *dharana*, a pessoa se concentra nos chakras, na Kundalini e na verdade suprema, mas quando vem o estado de *dhyana* (meditação profunda), a consciência dos chakras desaparece. A mente se torna calma e a consciência do eu, ou factor do eu, é perdida, a visualização cessa, a sensação do contínuo fluxo de energia na espinha desaparece e o diálogo interior cessa. A experiência de bem-aventurança começa. A consciência entra no quarto estado (*turiya*), além dos três estados normais, o estado desperto, o de sonho e o de sono profundo.

Dhyana é de dois tipos: *saguna*, com forma (*sa* – com, *guna* – atributo) e *nirguna*, sem forma (*nir* – sem, *guna* – atributo). No Tantra, a meditação nos chakras e em suas divindades é com forma, até que a Kundalini penetre no sexto chakra. Então, ela se torna meditação na verdade suprema sem forma (*nirguna dhyana*). Esse é o estágio final de *dhyana*, em que a concentração na verdade suprema não tem estrutura, forma ou nome. Embora meditar na verdade suprema, sem forma, sem nome seja o *summum bonum* de *dhyana*, isso só pode ser conseguido pela prática prolongada de concentração nas divindades com forma. É a jornada do factor do eu que vai da percepção para a concepção. Diz-se que uma percepção sem uma concepção é vazia e que uma concepção sem uma percepção é cega. O processo de transcender da forma para a sem-forma é como aprender as letras inicialmente abstratas do alfabeto. Aprendemos o "A" associando-o com uma coisa concreta, como um abacaxi. A seguir, depois de aprender o alfabeto, o abacaxi que representa o "A", a bola de "B" e o cão de "C" desaparecem. Podemos então formar palavras e nos comunicar combinando as letras do alfabeto em palavras, sentenças e parágrafos. Assim como o alfabeto é útil no aprendizado de uma linguagem, as divindades dos chakras são úteis na espiritualização dos aspectos cognitivos, conativos e volitivos da consciência. Então, assim como as letras desaparecem, as divindades com forma também se desvanecem quando a divindade sem forma é atingida.

Por meio da pureza do conhecimento começamos a ver a unidade na diversidade e o factor do eu é purificado e espiritualizado. Em tal estado, toda a existência é a consciência suprema (*sarvam khalu idam brahma*), a consciência entra num estado em que *dhyana* é transformado em *samadhi*, e a consciência suprema é revelada.

O fruto de *dharana* é *dhyana*; o fruto de *dhyana* é *samadhi*.

8. *Samadhi* – *Dhyana* Ininterrupto

A palavra *samadhi* é formada de três componentes: *sam* (igual, equilibrado, completo), *a* (eterno) e *dhi* (*buddhi*, cognição ou conhecimento). Quando um estado de completo equilíbrio é atingido, isso é *samadhi*. Para a consciência individual, *samadhi* é o estado no qual o factor do eu desaparece e se torna consciência pura, livre da noção de si mesmo, tempo e espaço. Isso também é chamado de autorrealização. Nesse estado, tanto o mundo de fora como o mundo de dentro desaparecem; apenas *ananda* (suprema bem-aventurança) permanece. A consciência é infinita, mas a mente (*manas*), o intelecto (*buddhi*) e o factor do eu (*ahamkara*) fazem-na parecer finita. Por meio de *samadhi*, a realização da natureza infinita da consciência liberta o yogin do aprisionamento de *manas, buddhi* e *ahamkara*.

A prática regular de Ashtanga-Yoga remove as camadas da inconstante *maya* (existência ilusória). O Anna-Maya-Kosha (o envoltório da matéria) é removido no *asana*; o Prana-Maya-Kosha (o envoltório do ar vital) no *pranayama*, o Mano-Maya-Kosha (o envoltório da mente) no *dharana* e o Vijnana-Maya-Kosha (o envoltório do conhecimento) em *dhyana*. O Si Mesmo, que permanece na verdade imutável de Ananda-Maya-Kosha (o envoltório da bem-aventurança), torna-se a única realidade existente e o estado de tranquilidade e felicidade prevalece. O eu individual se torna o Si Mesmo supremo. É dito na *Saubhagyalakshmi Upanishad*: "Assim como o sal atirado na água se torna o mesmo que a água (dissolve-se completamente), do mesmo modo o estado no qual o factor do eu se dissolve na suprema consciência é chamado de *samadhi*." Assim como a gota é circundada pelo oceano, assim o eu é circundado pelo Si Mesmo supremo.

O Si Mesmo supremo é a verdade suprema. O estado de *samadhi* traz iluminação, conhecimento. Embora uma pessoa nesse estado, quando vista de fora, pareça uma pedra imóvel, o yogue está pleno de conhecimento (verdade), pura consciência (ser); ele permanece em bem-aventurança (*ananda*), conhecido como *sat-chit-ananda*. Deus não é uma pessoa, ao passo que o yogin é uma pessoa, mas o yogin é uma pessoa cujo corpo é puro e em quem o metabolismo se torna tão lento que uma respiração perdura por muito tempo.

Depois de um prolongado estado de *samadhi*, quando o yogin se torna outra vez consciente em um sentido mundano, ele ou ela permanece em um estado chamado de *sahaja samadhi*. Não há mais necessidade de praticar o Ashtanga Yoga. Não há necessidade de fechar os olhos para se desligar do sentido da visão, pois não é mais o mundo que é visto, mas a centelha do Divino em todas as formas. Toda palavra ou som é ouvido como um mantra; toda a respiração se torna *japa* e toda ação se torna veneração. Se a vida tem que continuar, ela continua, mas a atitude do yogin em relação ao mundo fenomênico muda. Não se trata mais da ilusão de *maya*, mas *lila*, o jogo divino. O yogin se torna uma incorporação de amor e paz. O ambiente inteiro que ele ou ela habita muda, influenciando também as outras pessoas, que se tornam tranquilas e amorosas. O yogin se torna um espelho no qual todos(as) podem se ver. Ele ou ela é o melhor amigo, filósofo e guia.

Samadhi é de dois tipos: *samprajnata* e *asamprajnata*. No *samprajnata samadhi* o yogin atinge um estado de concentração superconsciente, no qual o factor do eu se dissolve em consciência divina ou suprema. No *asamprajnata samadhi*, a consciência de Deus, o divino, também não está lá; ela é apenas iluminação bem-aventurada. Esse estado é indescritível em palavras, uma felicidade além de qualquer prazer mundano e um conhecimento divino que propicia a iluminação. Isso não é apenas vivenciar *sat-chit-ananda*, mas ser *sat-chit-ananda*.

Segundo o Kundalini-Yoga, *samadhi* é a união de Kundalini Shakti (o princípio feminino) com Shiva (o princípio masculino). Por intermédio do anseio pela união, a energia dormente (Shakti) do aspirante desperta, ascende pelo caminho da Sushumna, alcança a morada de seu Senhor (Shiva) e se une com ele. Essa união apenas é possível depois da purificação adequada das nadis, a recitação das sílabas seminais (*bija mantras*) e exercícios de visualização. As *mudras* do yoga também formam uma parte valiosa do Kundalini-Yoga.

As mudras do yoga

Uma *mudra* é um tipo específico do processo de controle muscular, usada para ajudar a concentração, o afastamento intencional dos sentidos, a meditação e o despertar e movimento da Kundalini Shakti. As *mudras* podem ser chamadas de práticas meditativas e são realizadas em combinação com os *asanas* (posturas) e *bandhas* (bloqueios). Existem oito dessas mudras, mas três são consideradas básicas.

1. Shambhavi Mudra

A Shambhavi Mudra é o olhar fixo interior. Esta *mudra* é especialmente útil no controle sensorial. No Yoga, geralmente, essa *mudra* é a concentração no chakra Ajna, ou no ponto entre as sobrancelhas, com os olhos voltados para cima, de modo que o topo da íris não seja visível; entretanto, no Kundalini-Yoga a Shambhavi Mudra requer a meditação interior nos chakras enquanto centros sutis e não enquanto órgãos ou áreas do corpo. O *sadhaka* (aspirante) medita nos diagramas dos chakras que foram descobertos por videntes tântricos por meio de sua visão interior. Essas imagens incluem as energias divinas presentes em cada um dos chakras: a divindade governante, a Shakti, as sílabas seminais, o portador do *bija mantra* e o *yantra* (o diagrama do elemento em forma geométrica).

Para ajudar a preparar a meditação nos chakras, o *sadhaka* deve primeiro colorir as imagens dos chakras (dadas no capítulo 3, "Os Aspectos Básicos dos Chakras") para estabelecê-las no olho mental. Quando a pessoa colore as imagens, elas são retidas na mente e a visualização interior se torna fácil.

A meditação e visualização dos chakras é feita numa progressão gradual, começando com o primeiro chakra e continuando até o segundo, terceiro e assim por diante. O centro da concentração deve ser os chakras e não os órgãos concretos do corpo. As escolas yogues que não proporcionam imagens dos chakras podem apenas sugerir que o *sadhaka* medite no coração ou na região entre as sobrancelhas. Entretanto, isso mantém o foco no corpo, ao passo que o objetivo no Kundalini-Yoga é ir além da consciência corporal. Na meditação da Kundalini, a pessoa fica absorvida nos *yantras* abstratos, mantras e divindades dos chakras, que espiritualizam a consciência. Assim, a visualização tântrica ajudada pela coloração das imagens dos chakras é uma prática muito mais eficaz.

Quando a mente e a respiração são absorvidas pela imagem interior e as pupilas dos olhos ficam imóveis (mesmo os olhos estando abertos, eles não registram imagens exteriores), a Shambhavi Mudra é realizada.

2. Khechari Mudra

A Khechari Mudra (*kha* – *akasha*, *chari* – morada) é a permanência em *akasha* (espaço), que é localizado entre as nadis Ida e Pingala, no centro das sobrancelhas. Quando o *prana* é dirigido para a permanência constante na Sushumna, no espaço de sustentação entre as sobrancelhas, a Khechari Mudra é realizada. A língua deve ser virada para cima para o céu da boca; essa *mudra* é também chamada de "engolindo a língua". Para executá-la, a língua deve ficar macia e alongada. Isso é feito de duas maneiras. Uma delas é envolver a língua em um pano fino, macio, molhado e "ordenhá-lo". A outra é executando o exercício lingual de retrair e esticar a língua de maneira alternada. Quando a região do palato é pressionada com a língua, o *soma* (néctar), uma substância fresca e revigorante, flui para baixo, a partir do chakra Soma. Isso renova o corpo, tornando-o livre de doenças, de modo que a vida do yogin é prolongada. O yogin obtêm controle sobre a fome e a sede. Ao praticar a Khechari Mudra, o *sadhaka* também atinge domínio sobre as flutuações da mente e alcança *turiya*, o estado de consciência sem consciência. O *sadhaka* deveria praticar a Mudra Khechari até que a *yoga nidra* (sono do yoga) seja experimentada.

Quando a respiração exterior é detida pela execução dessa *mudra* (pois engolir a língua bloqueia a passagem do ar entre as narinas e os pulmões), a respiração dentro do corpo é suspensa. O *prana*, junto com a mente, torna-se imóvel dentro do Brahma Randhra, o vazio entre os hemisférios do cérebro. A concentração na Kundalini nesse estado provoca a fusão final da Kundalini, do *prana* e a da mente. A união entre Shiva e Shakti acontece e o objetivo supremo do verdadeiro aspirante é, assim, atingido.

3. Yoni Mudra

A Yoni Mudra é o controle anogenital. Essa *mudra* é muito importante porque ajuda a evitar o fluxo descendente de *apana*. O processo inteiro de despertar a Kundalini é o controle de *apana* (*vayu* que opera na região abaixo do umbigo). A Yoni Mudra ajuda o afastamento de *apana vayu* do corpo e, especialmente, da área do trato abdominal inferior onde a concentração é maior. O *apana* se torna concentrado no chakra Svadhishthana (o segundo chakra) como energia (sexual) *kan*-

darpa. Quando é liberado, ele se torna um forte desejo pelo prazer sexual. Por meio da Yoni Mudra o *apana* é afastado; então a energia *kandarpa* pode ser dirigida para cima com a ajuda do *mantra japa* interior, a repetição das sílabas seminais do chakra Muladhara e do chakra Svadhishthana. Então a prática do exercício de controle adamantino (*vajroli*) se torna possível. Assim, a Yoni Mudra é o primeiro passo em direção à prática de *vajroli*, o movimento ascendente da energia sexual.

A Yoni Mudra é executada adotando-se a postura da "realização" (*siddhasana*) com a pressão colocada no períneo pelo calcanhar esquerdo e pressão feita na região hipogástrica do abdômen (a região mediana da parede abdominal) pelo calcanhar direito. Em primeiro lugar, deve-se concentrar no chakra Muladhara. Depois o aspirante deve respirar pelas narinas ou pela boca, fazendo os lábios parecerem o bico de um corvo. Enquanto inalar, a pessoa deve contrair o ânus e os genitais vigorosamente e fazer retração abdominal. A seguir, o aspirante deve usar o Jalandhara Bandha (bloqueio do queixo) enquanto continua a contrair os músculos anogenitais, realizando o Uddiyana Bandha (bloqueio abdominal), enquanto a respiração é suspensa (*kumbhaka*). Deve-se segurar a respiração tanto quanto possível sem muita tensão. Em seguida, a exalação deve ser vagarosa e o *sadhaka* deve relaxar o pescoço e os músculos abdominais. Depois de relaxar, o *sadhaka* deve repetir o mesmo processo. Deve-se meditar durante todo o tempo na Kundalini Shakti em sua forma luminosa.

Todas essas técnicas ajudam no processo de despertar a energia espiritual da Kundalini e no movimento ascendente dessa energia no caminho da Sushumna. Entretanto, existem obstruções no caminho, que são conhecidas como nós (*granthis*). Desatar esses nós liberta o yogue dos corpos físico, astral e causal.

Os nós (*granthis*)

A palavra *granthi* literalmente significa "um nó". Existem três nós principais na Sushumna, que representam os três aspectos da consciência: conhecer, sentir e fazer. O Brahma Granthi (o nó de Brahma) é o sentir e a mente; o Vishnu Granthi (o nó de Vishnu) é o fazer e o *prana*; e Rudra Granthi (o nó de Rudra) é o conhecer e o *jnana* (verdadeiro conhecimento). Quando os três nós são desatados, a realidade fenomênica se torna permeada de energia divina e o eu se torna estabelecido no Envoltório da Bem-Aventurança (Ananda-Maya-Kosha).

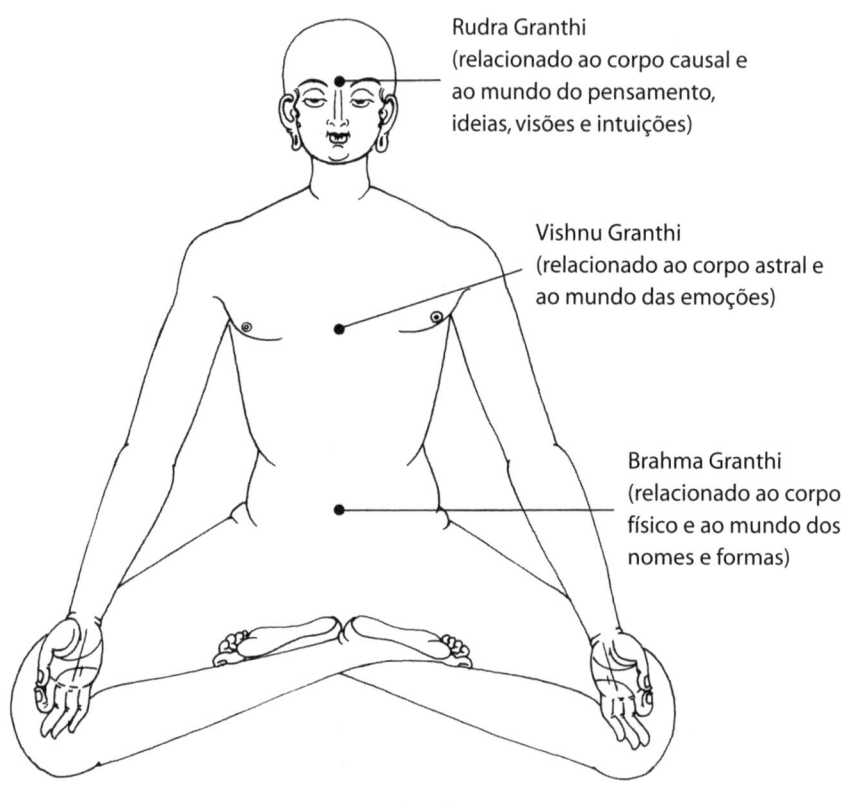

Rudra Granthi
(relacionado ao corpo causal e ao mundo do pensamento, ideias, visões e intuições)

Vishnu Granthi
(relacionado ao corpo astral e ao mundo das emoções)

Brahma Granthi
(relacionado ao corpo físico e ao mundo dos nomes e formas)

Granthis (nós) no corpo

Brahma Granthi

O Brahma Granthi é o primeiro nó. A *Jabala Upanishad* e a *Yogashikha Upanishad* afirmam que esse *granthi* está localizado no chakra Muladhara, o primeiro chakra, porque Brahma é a divindade governante do Muladhara. Entretanto, a maioria das escrituras tântricas o situa no chakra Manipura, o terceiro chakra, porque aí se localiza o elemento fogo, que é ligado ao princípio da forma (*rupa*). Brahma

Granthi é o nó do mundo fenomênico (*samsara*), o mundo de nomes e formas (*nama-rupa*), o primeiro obstáculo ao crescimento do aspecto espiritual do eu individual (*jiva*).

O mundo é criado por Brahma, mas o mundo conhecido pela consciência individual é criado pela mente. Por meio de seus apegos, a mente cria significados no mundo ilusório, e a relação entre o eu individual e o *samsara* é criada. Assim, para o indivíduo, o mundo criado por Brahma é real desde que a mente esteja ativa. Shankaracharya, em seu *Viveka Chudamani*, diz com clareza que a mente é *maya* (existência ilusória inconstante). No sono profundo, quando a mente não está ativa, o mundo fenomênico desaparece. No estado de sonhos, quando a mente começa a funcionar novamente, o mundo é recriado pela mente. O mundo criado pela mente é tão verdadeiro para a pessoa que sonha como o mundo percebido pelo *jiva* no estado desperto, mas ambos são irreais (*maya*). Quando não estamos envolvidos, essa relação entre a mente e o mundo fenomênico desaparece.

Enquanto os atributos do mundo fenomênico e suas relações fizerem sentido, a energia Kundalini não poderá se dissolver na verdade suprema. Ela permanece girando nos chakras inferiores e ocupa grande parte da consciência do aspirante. Desejos e ambições aprisionam a energia mental. O desatamento desse nó liberta a pessoa da servidão causada pelo apego. Até que se consiga desatar esse nó não é possível meditar com eficácia, porque ele cria inquietude e impede que a mente se torne focada numa direção (*ekagra*).

Para manter a imparcialidade em relação ao mundo fenomênico, temos que viver uma vida disciplinada. Quando a química do corpo é purificada pela prática do *Shat Karmas* (*dhauti*, *vasti*, *neti*, *trataka*, *nauli*, e *kapalabhati*) e o uso de *mudras*, a natureza espiritual dormente se torna ativa. Mas viver uma vida disciplinada também significa seguir os passos do Ashtanga-Yoga (*yama*, *niyama*, *asana*, *pranayama*, *pratyahara*, *dharana*, *dhyana* e *samprajnata samadhi*), sem os quais a união com a verdade suprema (*asamprajnata samadhi*) não é possível.

Mesmo depois de todos esses passos, não é possível atingir o estado mais elevado sem um ambiente natural adequado e a presença de um guru gentil, amoroso e experiente. O guru deve ser alguém que tenha sido iniciado de maneira adequada no Kundalini-Yoga.

Sua presença irá produzir calma e uma mente aquietada. A fé no guru e na graça da Kundalini Shakti pode produzir efeitos milagrosos e o nó pode ser desatado. O aspirante se torna centrado e calmo e as imagens vindas do mundo de nomes e formas não interrompem a meditação. A diversidade se torna unidade e todos os objetos se tornam divinos.

Vishnu Granthi

O Vishnu Granthi está localizado na área do chakra Anahata (o centro do coração), que também é a sede do *prana*. Vishnu é o preservador e, enquanto força vital, o *prana* é o preservador da vida no organismo. O *prana* controla a mente e as emoções. O chakra do coração é a sede da devoção, da fé, do amor e da compaixão. Vishnu é o senhor da compaixão, porque a preservação requer compaixão. A compaixão apresenta obstáculos no caminho da Kundalini porque cria apego, desviando a energia em direção ao mundo exterior. Não é um apego aos desejos da mente, nem aos objetos que gratificam os sentidos, mas apego ao bem cósmico e um desejo ardente de ajudar a humanidade sofredora. Esse apego faz de uma pessoa um sonhador, um reformista, um salvador, um preservador do conhecimento antigo, ou seja, uma pessoa de altas qualidades espirituais, mas não um yogue. O aspirante ainda está atado ao mundo e conectado com ordens e organizações espirituais que ajudam a humanidade em geral. Em vez de retroceder para a fonte por meio da união, a pessoa adota um voto de *bodhisattva* para aliviar o mundo do sofrimento e de modo intencional fica preso ao ciclo de vida e morte.

O aspirante tem que desatar esse nó, que cria laços emocionais com tradições e idealismo, desse modo aprisionando a energia no Chakra do Coração. Pela verdadeira discriminação, é preciso perceber o propósito por trás do cosmos, o plano divino, e libertar-se do apego ao fazer, à preservação. O mundo é ilusão; assim, o sofrimento e a dor desse mundo não pode ser real. Uma pessoa compassiva é consciente da unidade na diversidade, mas por causa desse nó ela permanece presa na diversidade. Embora a mente de uma pessoa assim esteja sob controle, centrada, focada (*ekagra*), ela se torna inquieta (*vyagra*) e não atinge o estado *niruddha*, no qual fica esvaziada de pensamentos.

O Vishnu Granthi é difícil de desatar, por causa da sua colocação no chakra do coração, seu estado equilibrado entre materialismo e idealismo e sua conexão com o código genético. Para desatar esse nó é preciso fazer *pranayama*, no qual todos os pensamentos e ideias são eliminados e o aspirante perde o interesse pelo prazer e pela dor do mundo. Não há mais simpatia ou aversão; a consciência é livre de ondas e é absolutamente tranquila. Por meio do *sadhana* yogue do *prana* pode-se atingir a liberdade da dependência enraizada do código genético. A liberdade de toda servidão é o objetivo da vida, mas essa liberdade não será completa antes que o aspirante se libere do factor do eu, que acontece com o desatamento do nó final.

Rudra Granthi

O Rudra Granthi está localizado na área do chakra Ajna, a área do terceiro olho. Rudra é o destruidor, do mesmo modo que o verdadeiro conhecimento (*jnana*). Não há nada para destruir, exceto a ilusão que é o factor do eu ou ego. Com o desatamento do Brahma Granthi, o mundo ilusório de nomes e formas é aniquilado e com o desatamento do Vishnu Granthi, o apego aos frutos das ações termina. Finalmente, deve-se ir além do apego ao factor do eu, que obstrui o caminho da Kundalini em seu trajeto para o chakra Soma, onde a verdade suprema é realizada e a consciência não dual é atingida. O factor do eu é como a "gota-consciência" e a verdade é o oceano da pura consciência. A gota e o oceano são um só, mas o factor do eu da gota a mantém separada. Enquanto essa consciência permanecer, a pessoa atravessa o ciclo de vida e morte. Ela torna o infinito finito e limitado pelo tempo. Essa ilusão deve ser destruída.

Quando a Kundalini alcança o chakra Ajna, o aspirante, que agora é um yogue, transcende o mundo fenomênico. As escrituras tântricas afirmam que um yogin que alcança o chakra Ajna atinge *siddhis* tais como: o poder de ver o que está acontecendo em qualquer parte a qualquer momento, passado, presente e futuro; o poder de estar presente em qualquer lugar a qualquer momento, ou em muitos lugares no mesmo momento; e o poder de desaparecer e reaparecer. Os elementos em sua forma material não mais limitam o yogin em uma forma particular. O processo do envelhecimento é interrompido. A mente e o *prana* não são mais obstáculos, mas nesse ponto o Rudra

Granthi pode se tornar um obstáculo se o factor do eu permanecer. A pessoa pode ficar apegada às *siddhis* (os poderes que criam milagres). Mas se o yogin não tiver factor do eu, não haverá nenhum "eu" no qual ficar apegado. Assim, o factor do eu deve ser destruído.

O aspirante que alcançou o chakra Ajna foi além dos elementos que mudam continuamente a constituição do corpo físico e causam flutuações emocionais e apegos na consciência individual. Assim, no chakra Ajna, o yogin é capaz de estabelecer a si mesmo(a) no infinito e então o Rudra Granthi desata a si mesmo. A passagem para a Sushumna fica desimpedida e a Kundalini alcança o chakra Soma. O yogue transcende os três *gunas* (*sattva*, *rajas* e *tamas*) e se torna *gunatita* (além dos três *gunas*) e a consciência é estabelecida na eterna bem-aventurança, a completa união por meio da consciência não dual.

Os dez sons

Durante o processo de lidar com os nós, o yogue ouve os dez tipos de sons que ajudam a atingir um estado de profunda meditação:

1. O gorjeio dos pássaros
2. O som dos grilos
3. O som dos sinos
4. O som da concha
5. O som da *vina* (alaúde indiano)
6. O som de *mridanga* (tambor cilíndrico)
7. O som da flauta
8. O som de *pakhavaj* (outro tipo de tambor)
9. O som do clarim
10. O rugido de um leão

Movimentos da Kundalini

Quando a energia da Kundalini surge, todas as nadis mentais (*manovahi*) se tornam ativas. Quando a combustão de *prana* e *apana* acontece e a Kundalini Shakti se move para cima com grande força através da nadi Brahma, penetrando todos os chakras, ela pode se mover em diferentes estilos, dependendo de qual elemento é dominante na pessoa:

- Movimento da formiga: quando o elemento terra (prithvi) é dominante, uma sensação de prurido é sentida na base da coluna.
- Movimento do sapo: quando o elemento água (*apah*) é dominante, uma sensação de palpitação é sentida na coluna: ora forte, ora fraca. Parece também que salta e para, e salta novamente.
- Movimento da serpente: quando o elemento fogo (*agni*) é dominante, uma sensação de calor excessivo ou de fogo é sentida na área do umbigo e a sensação da subida de uma corrente flamejante na coluna é experimentada. É sob a influência do elemento fogo que Kundalini é às vezes sentida como uma energia ígnea apavorante.
- Movimento do pássaro: quando o elemento ar (*vayu*) é dominante, uma sensação de levitação, leveza, ausência de peso, ou a sensação de um movimento amplo, livre, é sentido na coluna. O movimento é regular e a sensação é muitas vezes na região do coração. Uma visão de luz pode ser experimentada na região do coração, ou uma sensação fria na coluna vertebral pode ser sentida.
- Movimento do macaco: quando *akasha* (espaço/éter) é dominante, há uma sensação de salto. Nesse estado, a Kundalini se move com tamanha força que muitos chakras são atravessados em um salto. Em *akasha*, o movimento não é tão uniforme quanto no elemento terra, não é tão fluido como no elemento água e não é tão ígneo como no elemento fogo. Ele vem como uma tempestade e ascende ao centro mais elevado num curto espaço de tempo.

Pela prática regular dos oito passos do Ashtanga-Yoga, o aspirante irá adquirir uma atitude espiritual. Os *asanas* colocam um fim em todas as atividades corpóreas e as ações são confinadas ao *prana* e aos órgãos dos sentidos. Por intermédio da suspensão da respiração conseguida pelo *pranayama*, o movimento do *prana* e dos órgãos dos sentidos cessa; apenas a atividade mental permanece. Por meio do *pratyahara, dhyana* e *samprajnata samadhi* a atividade mental cessa e a ação existe apenas na *buddhi*, ou mente mais elevada. Ao abrir mão de todos os apegos e pela prática longa e regular de *samprajnata*, o yogin atinge um estado natural de ser que é um estado imutável, o objetivo final do Yoga. O yogin então permanece para sempre em união com a suprema consciência (*asamprajnata samadhi*), em um estado de feliz iluminação.

Os elementos dos chakras

3

Os aspectos básicos dos chakras

Na *Shiva Samhita* (cap. 2), Shiva claramente exprime a conhecida afirmação yogue: "Assim como é no macrocosmo, assim será no microcosmo." Ele diz:

> dehe 'smin vartate meruh saptadvipasamanvitah
> saritah sagaras tatra kshetrani kshetrapalakah
> rishayo munayah sarve nakshatrani grahastatha
> punyatirthani pithani vartante pithadevatah
> srishtisamharakartarau bhramantau shashibhaskarau
> nabho vayushcha vahnishcha jalam prithvi tathaivcha
> trailokye yani bhutani tani sarvani dehatah
> merum samveshtya sarvatra vyavharah pravartate
> janati ya sarvam idam sa yogi natra samshayah
> brahmandasamjnaake dehe yathadesham vyavisthitah

Um aspirante ao Yoga deveria ver em sua própria espinha dorsal (*meru*) as sete ilhas (chakras), os rios, os oceanos, as montanhas, os guardiães das oito direções, os videntes (*rishis*), os sábios (*munis*), as estrelas e os planetas e todas as constelações, todos os lugares sagrados (*tirthas*), os lugares de poderes especiais (*siddha pithas*) e suas divindades, o Sol e a Lua, e a fonte primordial de criação, preservação e destruição. Ele deveria ver no microcosmo de seu próprio corpo os cinco elementos básicos (*akasha*, ar, fogo, água e terra) e todas as outras coisas que existem nos três mundos (*lokas*) do macrocosmo. Tudo isso é sustentado pela coluna vertebral (*meru*) e existe na coluna vertebral. Quem conhece esse segredo é de fato um yogin, não há dúvidas a esse respeito.

Isso torna claro que os chakras são centros sutis localizados na medula espinal e não nos densos plexos nervosos, que estão fora da coluna vertebral. Ao mesmo tempo, os chakras são o *playground* dos elementos, os blocos contrutores de toda existência psicofísica. Os cinco elementos surgem a partir dos cinco *tanmatras*: som (*shabda*), olfato (*gandha*), paladar (*rasa*), forma (*rupa*) e tato (*sparsha*). *Tanmatra* literalmente significa "apenas isso" (*tan-* isso, *matra-* apenas). *Tanmatras* são puras frequências ou essências. Isto foi afirmado: "O som cria o vazio (*akasha*), como o olfato cria a terra, o paladar cria a água; a forma cria o fogo e o tato cria o ar" (*gunakam akasham shabda*). A partir dos *tanmatras* se desenvolvem os elementos (*mahabhutas*) e dos *mahabhutas* se desenvolvem os órgãos dos sentidos e os órgãos de

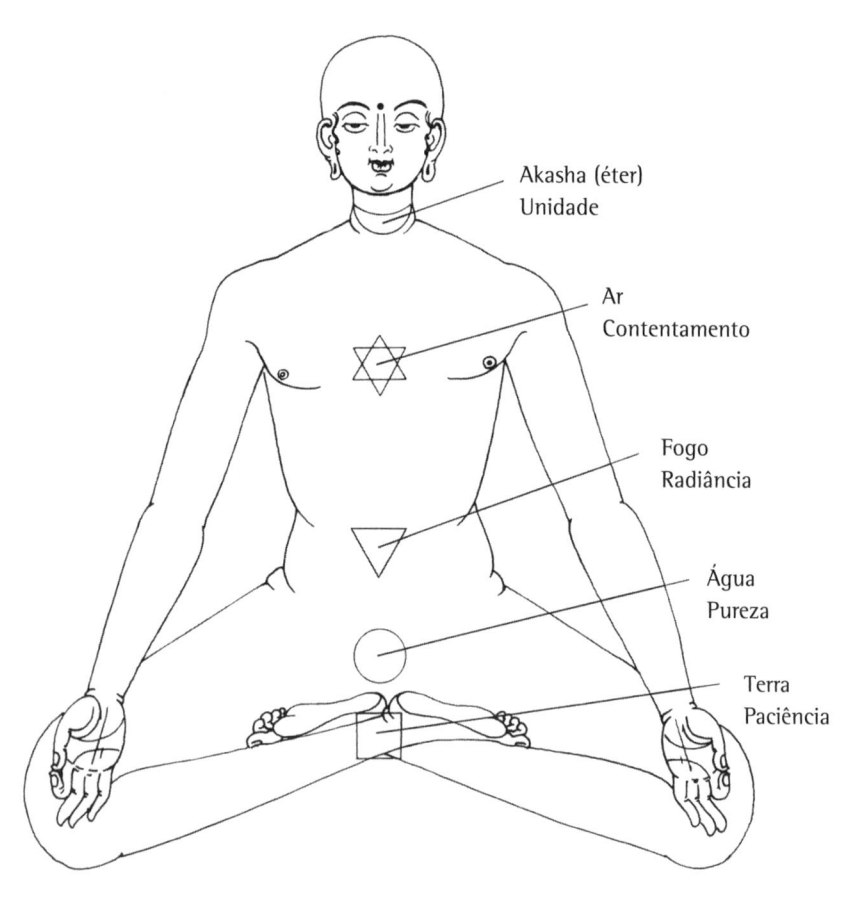

Formas (*yantras*) dos elementos

ação (*indriyas*). Embora os chakras sejam sutis, eles têm uma relação precisa com o campo material concreto do corpo e suas funções. Cada um dos cinco primeiros chakras está associado com um elemento específico: o chakra Muladhara com a terra, o chakra Svadhishthana com a água, o chakra Manipura com o fogo, o chakra Anahata com o ar, e o chakra Vishuddha com o *akasha*. Cada um dos *tanmatras* está relacionado com um princípio dos sentidos, de modo que cada chakra também está conectado com um órgão específico dos sentidos.

Em um corpo vivo, o campo material e o não material se interpenetram. A respiração é uma atividade neuromotora que ativa todos os sistemas que existem no corpo. Respirar introduz *prana*, a força vital, que opera tanto com os aspectos materiais como os não materiais do organismo individual. Svara-Yoga (o yoga da respiração nasal) claramente mostra que os chakras são o *playground* das forças sutis *tanmatra-mahabhuta*. Nas novecentas respirações feitas a cada hora, existe um ciclo de respiração nasal no qual cada um dos elementos domina por um período de tempo. Cada chakra é vitalizado quando a energia flui no elemento com o qual esse chakra está conectado. Durante cada ciclo de respiração nasal através de uma narina, direita ou esquerda, o elemento ar (que influencia o quarto chakra) domina por oito minutos, a seguir o elemento fogo (terceiro chakra) por doze minutos, depois o elemento terra (primeiro chakra) por vinte minutos, depois o elemento água (segundo chakra) por dezesseis minutos, a seguir *akasha* (quinto chakra) por quatro minutos. Juntamente com a operação normal dos chakras determinada por essa respiração oscilante, todas as nadis, com exceção da Sushumna, estão ativas. No último minuto, por um breve período de dez respirações, ambas as narinas funcionam juntas, ativando a nadi Sushumna que, de outro modo, estaria dormente. E então o ciclo inteiro começa novamente na outra narina.

Entretanto, é importante compreender que esse funcionamento dos chakras e a breve ativação da Sushumna são coisas muito diferentes da penetração dos chakras pela energia desperta da Kundalini, que se move para cima na nadi Sushumna. Os chakras são centros psíquicos, bem como centros de transformação da energia psíquica ou mental em energia espiritual. Cada chakra é um armazém de vários tipos de energias psicofísicas, que são ativadas pela respiração quando a energia passa de um chakra para outro com o fluxo dos elementos. O *prana* entra no corpo através da respiração nasal e trabalha tanto no nível material concreto como no nível sutil. As energias sutis são forças da combinação *tanmatra-mahabhuta*. Cada força *tanmatra* é representada por uma sílaba seminal (*bija mantra*), composta de frequências de som (*dhvani*), de poder de som (*sphota*) e de um *bindu*, que é a forma consciente. As frequências de som e seus poderes inerentes são expressos como divindades. O poder do *bindu*, que é consciência, controla todas as forças que operam num chakra.

As descrições de cada chakra nas seções que se seguem incluem as energias psicofísicas e as energias *tanmatra-mahabhuta* que operam em cada chakra.

- Elemento, incluindo sua Forma (*Yantra*) e Cor
- Sentido Predominante
- Aspectos
- Sílaba Seminal (*Bija Mantra*), incluindo seu Portador (*Vahana*) e Cor
- Divindade Governante
- Shakti (Forma da Kundalini)
- Órgão dos Sentidos
- Órgão de Ação
- Ar (*Vayu, Prana*)
- Plano (*Loka*)
- Planeta Predominante

Segundo o *Rudrayamala Tantra*, os chakras estão dentro do núcleo mais íntimo da nadi Sushumna, conhecida como nadi Brahma, que é a portadora de energia espiritual. (Para mais detalhes acerca das nadis, ver pp. 39-53 no capítulo 2, "Kundalini e Yoga".) Quando a energia espiritual enrolada (Kundalini) é desperta pelas práticas do Yoga, a Kundalini dormente deixa a sua morada no chakra Muladhara e se move para cima na nadi Brahma, no interior da nadi Sushumna. A força prânica é afastada de todos as outras nadis e concentrada na Sushumna, que causa a suspensão da respiração. Nesse momento, a função normal dos chakras, enquanto centros psíquicos, cessa e eles começam a funcionar como centros de transformação da energia psicofísica em energia espiritual. Quando a energia espiritual se encontra em vigor, a Kundalini absorve todas as outras energias dos chakras (dos elementos, mantras, os órgãos dos sentidos e de ação, *prana*, as divindades principais e Shaktis) e se move para cima através da nadi Brahma. Quando a Kundalini desperta passa pelos diferentes chakras, várias experiências espirituais ocorrem. A função normal dos chakras é recuperada e tudo volta a ser o que era quando a Kundalini retorna ao Muladhara e se enrola novamente.

A meditação nos chakras é uma grande ajuda aos aspirantes do yoga bem como às pessoas que estão vivendo no mundo (não renunciaram ao mundo). Quando um aspirante trabalha com os chakras, a tarefa é tornar o chakra inativo pelo despertar do fluxo ascendente da energia Kundalini através do chakra. A influência dos cinco elementos nos primeiro cinco chakras é retratada na ilustração de cada chakra pela forma particular (*yantra*) daquele elemento. Tradicionalmente, cada chakra é visto na forma de um lótus (um círculo em torno do *yantra*, circundado por um número específico de pétalas). As pétalas são a base das modificações mentais (*vrittis*) e desejos relacionados. As modificações mentais são um modo de nosso ser e são mantidas pelo funcionamento dos sentidos. As *vrittis* não operam todas ao mesmo tempo, mas alguma *vritti* está sempre ocupando a mente. Diz-se que as pétalas de lótus em geral estão apontando para baixo, fazendo a energia fluir no sentido descendente, mas quando a Kundalini Shakti sobe, as pétalas se erguem como um lótus em flor. Esse movimento ascendente das pétalas obstrui o fluxo descendente da energia e age como um bloqueio.

Nos chakras, cada pétala tem uma sílaba seminal (*bija mantra*) associada a ela. Os *bija mantras* são frequências de sons usados para invocar a energia divina dentro do corpo. A sílaba seminal é o reservatório da divindade na forma mais concentrada. Esse poder latente da divindade é despertado pela produção do som em uma maneira apropriada. Só se pode aprender o processo de produzir som de modo correto diretamente de um guru. Quando o discípulo aprende a produzir o som de maneira correta, este rapidamente produz o efeito desejado de invocar a energia divina. O aspecto sonoro do mantra assume a forma da divindade conectada com o mantra e conduz o discípulo ao estado de profunda e ininterrupta concentração. Quando as divindades são invocadas pelas sílabas seminais elas são absorvidas pela

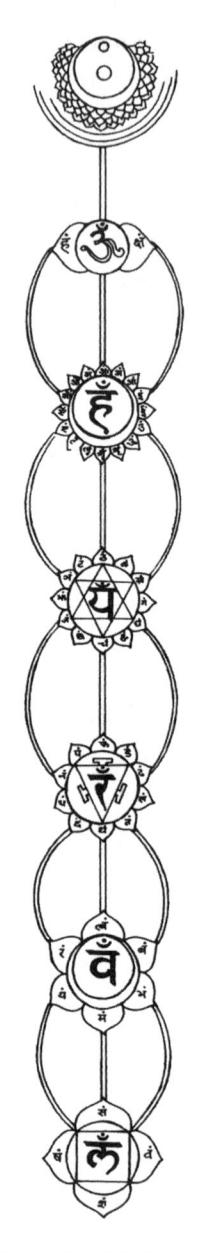

Sons dos Chakras

Kundalini à medida que a energia desenrolada se move para cima. Os chakras param de funcionar quando a Kundalini sobe e a respiração é suspensa. Quando a respiração começa novamente, os chakras são reativados e o jogo de *prana*, mente, ego e intelecto, recomeça.

No modo mundano, nós tentamos refinar o comportamento da unidade individual de consciência adotando mecanismos de controle e harmonizando a influência dos chakras. A energia flui através dos chakras e é transformada por eles. O comportamento é influenciado pelos elementos, pela energia prânica, pela mente, pelo intelecto e pelo ego. Embora a energia mude com o elemento, as obsessões da mente e do ego compelem o intelecto a pensar de modo constante sobre os desejos que ocupam a mente. Assim, a mente cria o mundo individual. O ego decide o que é e o que não é importante. O intelecto encontra maneiras de agir e métodos de conseguir o objetivo desejado. Dessa maneira, o mundo não é o mundo exterior, mas o mundo com o qual alguém se associa mentalmente.

Os chakras podem ser considerados como rodas da mente que habitam a floresta dos desejos. E os desejos, como as próprias rodas, são grandes forças motivacionais. Cada chakra é um estágio do *playground* de desejos, revelando sua influência nas pessoas que estão apegadas ao prazer daquele chakra particular. Através da vida, a pessoa habita essa floresta; ela pensa e compreende as situações da vida a partir da referência do chakra no qual normalmente se sente mais confortável. Cada chakra se torna um estágio para o psicodrama da energia eletroquímica que se expressa como um comportamento nos seres humanos. Como resultado, existem características comportamentais específicas associadas com cada chakra.

Enquanto instrumentos dos elementos, os primeiros cinco chakras criam ambientes interiores que mudam de acordo com a energia do elemento sendo irradiado. Essas mudanças levam a mudanças nos desejos e disposições que podem fazer com que a mesma pessoa se comporte de maneira diferente em momentos diferentes. Por exemplo, como resultado da influência dos cinco elementos, o conceito de segurança é diferente para cada um dos cinco primeiros chakras: no primeiro chakra, a segurança é emprego e abrigo; no segundo chakra é beleza pessoal e juventude; no terceiro chakra é autoridade e *status*; no quarto chakra, é fé; no quinto chakra é conhecimento.

Os chakras são importantes para os yogins enquanto agentes de transformação da energia mental em energia espiritual; eles podem ser igualmente interessantes para os psicólogos, por causa de sua influência no jogo da energia mental, que cria momentos de alegria e de desgosto. Os desejos criam prazer e dor, e aqueles que não têm resistência para aguentar a dor adoecem. O conhecimento dos chakras pode ajudar essas pessoas fracas, dando-lhes a garantia de mudança e melhoria, colocando um espelho em frente a suas faces para lhes mostrar seu padrão de comportamento e ajudá-las a enfrentar a si mesmas. Meditar no chakra apropriado pode ser de grande ajuda para que uma pessoa supere modificações mentais e flutuações emo-

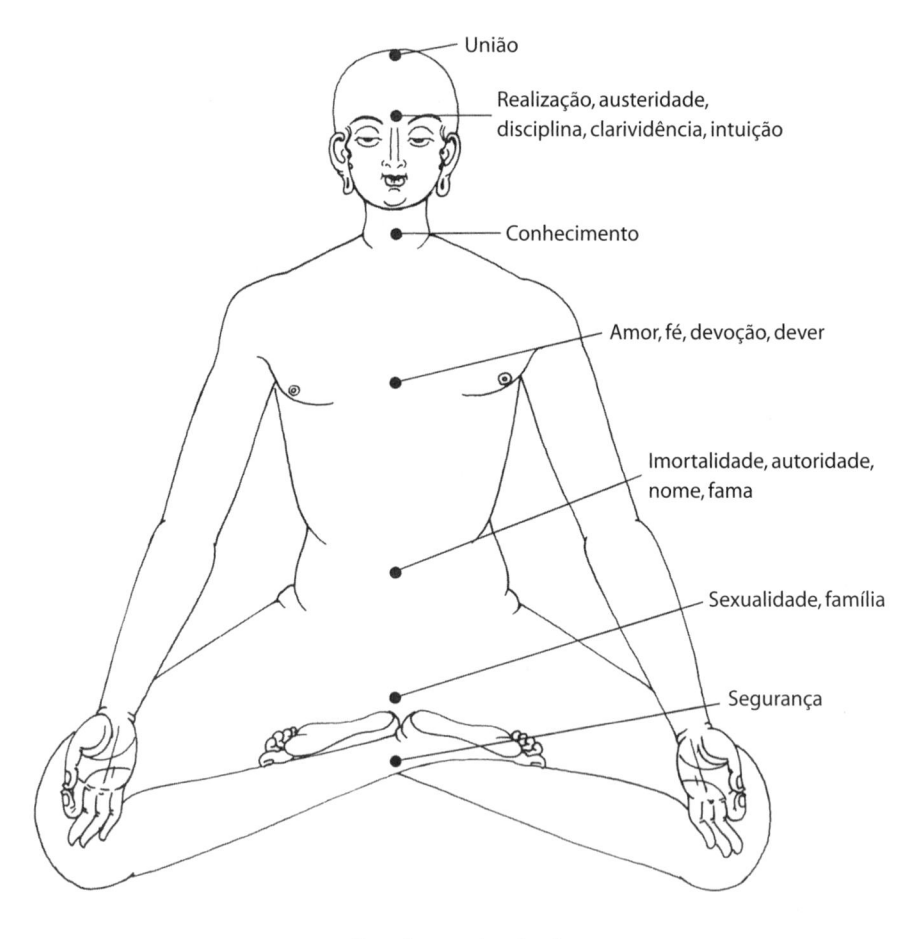

- União
- Realização, austeridade, disciplina, clarividência, intuição
- Conhecimento
- Amor, fé, devoção, dever
- Imortalidade, autoridade, nome, fama
- Sexualidade, família
- Segurança

Desejos e obstáculos

cionais. Os psicoterapeutas e os psicólogos podem fazer uso da transformação de energia tornada possível pela meditação no chakra, mas para saber qual meditação no chakra pode ajudar um paciente em particular, eles precisam conhecer as características comportamentais dos chakras. Assim, as descrições dos chakras que se seguem também incluem as características comportamentais associadas com cada chakra. Estas geralmente não são encontradas em livros de Yoga, porque o resultado final das práticas de Yoga liberta uma pessoa de toda a influência dos chakras.

A meditação nos chakras ensinada pelo Tantra-Yoga envolve todos os aspectos do Ashtanga-Yoga detalhados no capítulo 2, "Kundalini e Yoga". Depois de seguir os *yamas* e *niyamas*, assumir uma postura estável (*asana*) e dominar o controle da respiração (*pranayama*), o aspirante se torna um iniciado no caminho do Yoga. A seguir acontece o recolhimento dos sentidos (*pratyahara*) e a concentração (*dharana*). Todos esses passos são necessários para atingir o poder de meditar (*dhyana*), que é o verdadeiro Yoga. O primeiro passo na meditação é a purificação dos cinco elementos (*tattvas*), sua fonte (os cinco *tanmatras*) e os *indriyas* (os cinco órgãos dos sentidos e os cinco órgãos de ação). Esse processo de purificação, conhecido como *bhuta shuddhi*, é efetuado por sua absorção pela Kundalini Shakti. O despertar da Kundalini, portanto, é o interesse básico de um aspirante.

Em *bhuta shuddhi* (purificação dos elementos), a terra se dissolve na água, a água evapora no fogo, o fogo se funde no ar, e o ar se dispersa em *akasha* (o vazio). Todos os princípios associados com o elemento terra e presentes no primeiro chakra são absorvidos pelo elemento água. A seguir, o elemento água e todos os princípios a ele associados são absorvidos pelo elemento fogo, e assim por diante. Os elementos (*tattvas* ou *bhutas*) não são puros como os *tanmatras*; eles são misturas. O elemento terra é uma combinação de todos os cinco *bhutas: akasha*, ar, fogo, água e terra. A água é uma mistura de *akasha*, ar, fogo e água; o fogo é uma mistura de *akasha*, ar e fogo; o ar é uma mistura de *akasha* e ar. Essencialmente, *akasha* é dotado de tudo e, não obstante, é nada (vazio). É por isso que *akasha* é o mais puro e o mais leve. O ar é mais pesado que *akasha*, o fogo é mais pesado que o ar, a água é mais pesada que o fogo e a terra é a mais pesada e densa de todos. O processo de absorção dos elementos e seus princípios é

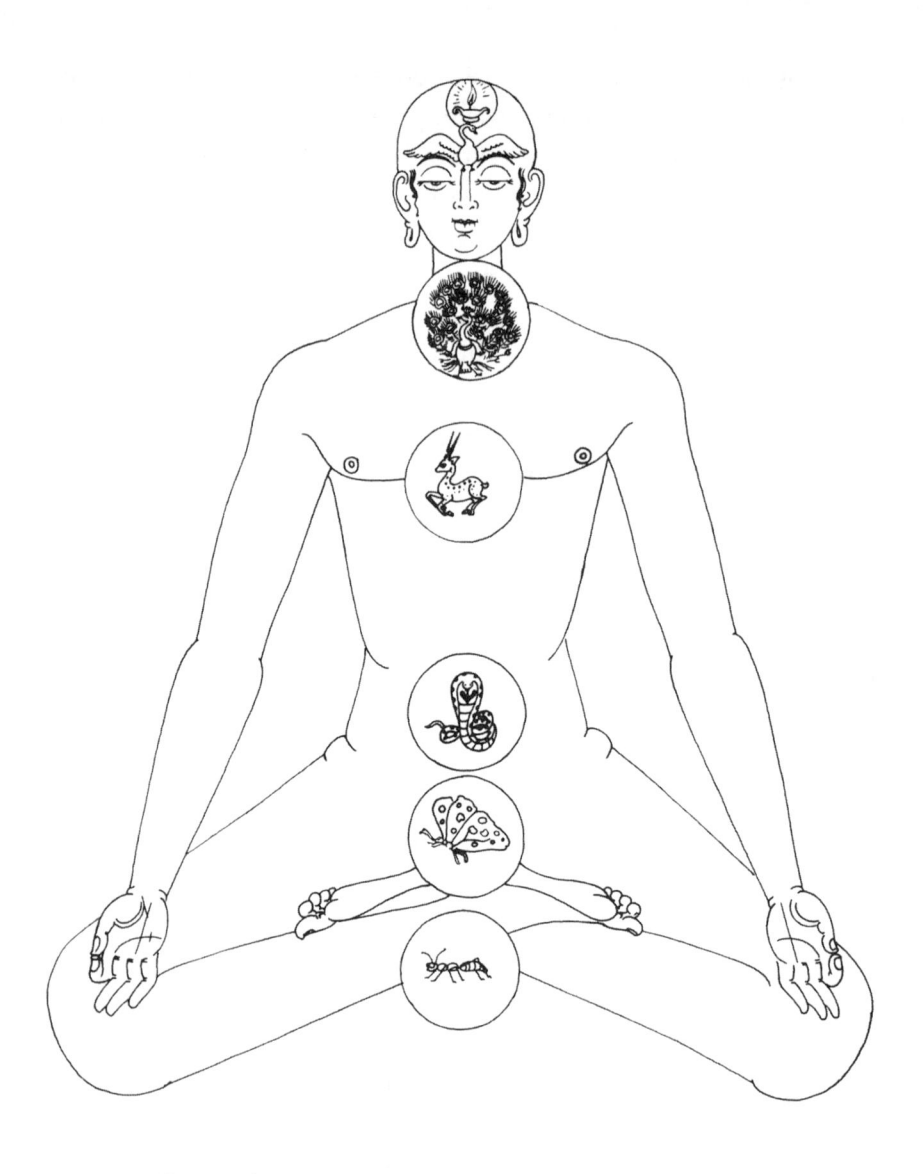

Características comportamentais descritas como animais

Primeiro chakra – comportamento de uma formiga
Segundo chakra – comportamento de uma borboleta
Terceiro chakra – comportamento de uma naja
Quarto chakra – comportamento de um cervo correndo atrás de uma miragem
Quinto chakra – comportamento de um pavão
Sexto chakra – comportamento de um cisne (hamsa)
Sétimo chakra – pura iluminação

realizado quando o *pranayama*, especialmente a suspensão da respiração (*kumbhaka*), é feita em conjunto com a repetição das sílabas seminais que estão presentes em cada chakra, na qualidade de *bija mantras* dos elementos e as pétalas de lótus. Realizar o *pranayama* juntamente com a repetição de AUM, ou se concentrar no chakra Ajna junto com a repetição do mantra *SO'HAM* são dois exemplos de métodos usados para purificar os elementos e a mente. A *Bhuta shuddhi* é realizada de maneira automática quando se segue o caminho da devoção (*bhakti*).

Seja de que modo for consumado, a *bhuta shuddhi* é necessária para o despertar da Kundalini. Apenas depois que todos os elementos e seus princípios associados forem absorvidos pelo *akasha*, a energia da Kundalini pode ser dirigida ao chakra Ajna, onde o factor do eu é absorvido pela superconsciência (*samprajnata samadhi*). Em última instância, a Kundalini é absorvida pelo Parama Shiva, a suprema consciência, a fonte de toda consciência espiritual (*asamprajnata samadhi*). Depois que o fluxo da energia da Kundalini alcançar os centros mais elevados, a atitude total do praticante mudará. Essa mudança é referida repetidas vezes como um novo nascimento e se diz que o aspirante é "nascido pela segunda vez". Manter o fluxo ascendente de energia se torna, então, o interesse básico do aspirante.

A prática constante e simultânea da visualização e repetição das sílabas seminais (*mantra japa*) ajuda o aspirante a manter o fluxo de energia nos centros mais elevados e, assim, ultrapassar a influência dos elementos. A meditação nos chakras deve ser feita com a utilização da imagem do chakra (que inclui o respectivo elemento e as divindades) e não de um ponto físico particular, tal como o cóccix, a base da coluna vertebral ou a região anal. As áreas físicas associadas com os chakras são apenas as localizações dos órgãos sensoriais e órgãos de ação relacionados. Os próprios chakras estão relacionados com a fonte de energia que dá vida ao corpo celular (o *prana* e os elementos). Assim, por exemplo, os desejos do primeiro chakra não são os desejos da região anal.

Nós devemos lembrar que a energia flui através dos chakras antes de alcançar a mente sensorial, onde ela é convertida na forma de um diálogo ou desejo. Cada respiração opera com um dos elementos e com o chakra relacionado. Os chakras não trabalham todos juntos;

eles operam de acordo com seu elemento relacionado. A meditação feita sem o elemento relacionado irá requerer mais energia, porque ela não será ajudada pelo elemento; contudo, mesmo assim essa meditação irá influenciar o padrão respiratório e acalmar a mente.

A meditação no chakra Muladhara na presença do elemento terra desenvolve a saúde natural, a força do corpo e poder intelectual. Ela prolonga a vida.

A meditação no chakra Svadhishthana na presença do elemento água liberta o corpo da doença, proporciona maior vitalidade, sensibilidade, poder intelectual e habilidade artística e torna a pessoa mais atraente para o sexo oposto.

A meditação no chakra Manipura na presença do elemento fogo desenvolve a imunidade natural do corpo, leva à obtenção de uma vida longa e libera certos poderes incomuns de comando, autoridade, organização, liderança e administração.

A meditação no chakra Anahata na presença do elemento ar desenvolve beleza interior e magnetismo pessoal (*ojas*), tornando o corpo altamente atraente (não apenas para o sexo oposto). Ela desenvolve o poder do intelecto e leva ao desenvolvimento intelectual acima do padrão normal. Ela possibilita a aquisição de poderes extrassensoriais, poderes poéticos e habilidades de escrita.

A meditação no chakra Vishuddha na presença do elemento *akasha* gera firmeza e força adamantinas, o poder de absorção em meditação profunda, a revelação de conhecimento além de palavras escritas e o poder de explicar e esclarecer.

A meditação no chakra Ajna na presença da Sushumna proporciona a consciência não dual e poderes de cura. Ela desenvolve a intuição e o poder de ver o passado, o presente e o futuro.

A meditação nos chakras começa ao se adotar uma postura confortável (*asana*), sentando num assento feito de algum material orgânico (de preferência que não seja algodão), com as mãos no colo e as palmas voltadas para cima. É necessário fazer cinco exercícios de controle de respiração (*pranayama*) antes de iniciar a visualização. Deve haver uma pequena pausa entre o *pranayama* e a visualização. A visualização deve ser praticada apenas quando a respiração não interromper a concentração.

A visualização requer imagens apropriadas dos chakras. As imagens dos chakras desenhadas por artistas videntes do passado devem ser utilizadas. As ilustrações neste livro representam todos os componentes principais de cada chakra e ajudarão a mente a visualizar e reter as imagens dos chakras. Colorir os desenhos de uma maneira sistemática pode ajudar mais a visualização, pois podemos repetir na mente a sequência na qual as cores são pintadas. Para obter as cores apropriadas, é preciso consultar as ilustrações coloridas que foram fornecidas (ver pp. 97-104).

A seguinte ordem deve ser usada para colorir os chakras:

- As pétalas do chakra
- O *yantra* do chakra
- O animal que porta a sílaba seminal (*bija mantra*)
- A sílaba seminal
- A Shakti do chakra
- A divindade do chakra

A mesma ordem deve ser utilizada na visualização. Ao reconstruir mentalmente o desenho completo do chakra, podemos desenvolver a prática da visualização abstrata que, no devido tempo, levará à meditação profunda.

Entretanto, um instrumento desses sem os preceitos carece de sentido. De maneira semelhante, os preceitos sem os instrumentos adequados não oferecem um real crescimento. Os desenhos devem ser coloridos para ativar o hemisfério direito do cérebro; o texto deve ser estudado para enriquecer a compreensão e ativar o hemisfério esquerdo. Isso irá criar um equilíbrio entre o "cérebro do pensador" e o "cérebro do artista". Isso irá mudar o padrão das ondas cerebrais e a constituição psíquica. A repetição das sílabas seminais e o seguimento da lei do *dharma* (retidão, ordem) irão ajudar o aspirante a atingir estados elevados de consciência.

Chakra Muladhara

Chakra Svadhishthana

Chakra Manipura

Chakra Anahata

Chakra Vishuddha

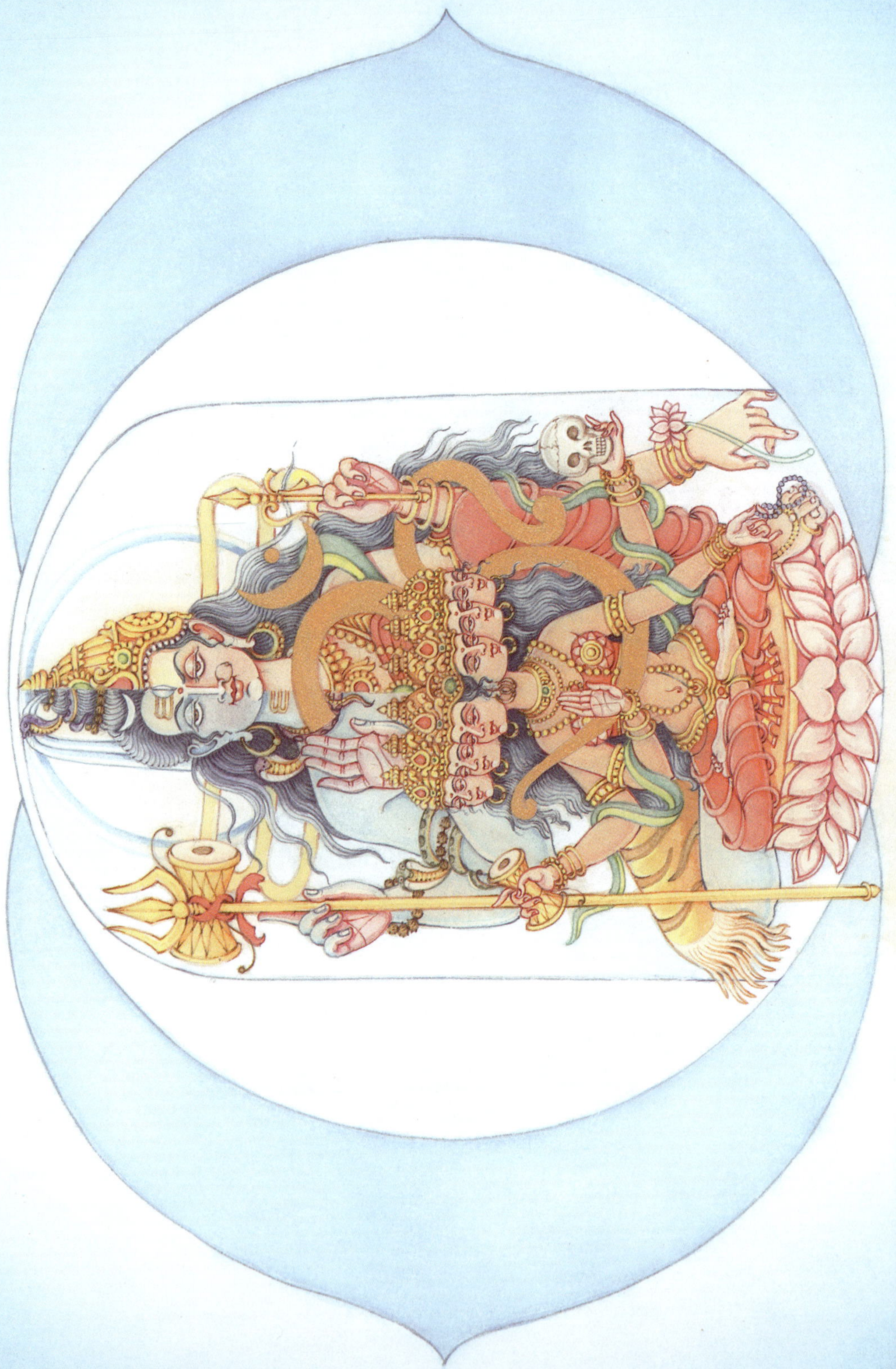

Chakra Soma

Chakra Sahasrara

CHAKRA MULADHARA
(PRIMEIRO CHAKRA)

Nomes:	Muladhara, Adhara
Significado dos nomes:	Fundação, Base (*mula* – base, *adhara* – apoio)
Localização:	Períneo, abaixo dos genitais e acima do ânus dentro no cóccix, o plexo pélvico, base da coluna vertebral, as primeiras três vértebras
Elemento (*Tattva*):	Terra
Cor do elemento:	Amarelo
Forma (*Yantra*) do elemento:	Quadrado
Sílaba seminal (*Bija Mantra*) do elemento:	LAM
Cor da sílaba seminal:	ouro
Portador (*Vahana*) da sílaba seminal:	O elefante Airavata
Número de Pétalas:	Quatro
Cor das pétalas:	Cinábrio, vermelho sangue
Sons seminais das pétalas:	VAM, SHAM, SHAM *(som retroflexo)*, SAM
Aspecto:	Segurança
Sentido predominante:	Olfato
Órgão dos sentidos:	Nariz
Órgão da ação:	Ânus
Ar (*Vayu, Prana*):	*Apana:* o ar que expele o sêmen do órgão masculino e a urina de ambos os sexos e que empurra o bebê do útero durante o nascimento

Chakra Muladhara
मूलाधार चक्र

Som seminal da pétala
वं शं षं सं

Plano (*Loka*):   Plano físico (*Bhur Loka*)
Planeta regente: Marte (solar, masculino)

Forma do *Yantra*: Quadrado de cor amarelo de cromo. O quadrado é um símbolo da terra. Ele tem grande importância com respeito à consciência terrestre, na medida em que representa a própria terra, as quatro dimensões e as quatro direções. Os quatro pontos formam os quatro pilares ou cantos daquilo que é conhecido como a terra quadrangular. Esse *yantra* é a sede da sílaba seminal (*bija mantra*) LAM e libera som em todas as oito direções. Isso é muitas vezes retratado por oito lanças que emanam do quadrado. Todas as divindades, as nadis importantes (Ida, Pingala, Sushumna), o Svayambhu Linga e a deusa Kundalini residem dentro do triângulo que é o centro desse *yantra*.

O Círculo com Quatro Pétalas: O quadrado é circundado por um círculo e quatro pétalas de lótus. As quatro pétalas representam as quatro modificações mentais importantes (*vittris*): (1) estado da máxima alegria (*paramananda*); (2) estado de prazer natural (*sahajananda*); (3) o deleite no controle das paixões (*virananda*); (4) a felicidade suprema na concentração (*yogananda*), conforme mencionado no *Mahanirvana Tantra*. A cor das pétalas é cinábrio, um tom de vermelho com um matiz amarelado. Ela é misturada com um pequeno toque de vermelho carmesim, que confere às pétalas a cor do sangue (*shonita*).

O Triângulo: O triângulo invertido no pericarpo é muito importante, pois é a localização da força vital dormente, a Kundalini Shakti, retratada em forma de uma serpente enrolada em torno do Svayambhu Linga em seu centro (ver abaixo). Ele também é conhecido como *tripura* (*tri* – três, *pura* – mundos). Ele representa os três aspectos da consciência: cognição, conação, volição; os três modos de experiência: conhecer, fazer e sentir; e as três divindades: Brahma, Vishnu e Shiva. De cor vermelho brilhante, é o ponto de origem de muitas nadis, tais como o de Ida, Pingala, Sushumna, Sarasvati, Chitra e Vajrini. O triângulo invertido é também chamado de *yoni* (órgão feminino de reprodução) e *kamakhya* ou *kamaksha*. Enquanto *yoni*, ele é a morada de poderes. Enquanto *kamakhya*, é a localização do desejo. Kama e Kandarpa são dois nomes do senhor do erotismo. A força vital na forma de *kandarpa vayu*, a energia dos desejos agradáveis, está presente nesse triângulo. Um aspecto de *apana vayu*, ele é da natureza do fogo e controla os desejos da consciência encarnada.

Svayambhu Linga e Kundalini: *Svayam* significa "próprio" e *bhu* significa "originar", portanto *svayambhu* significa "nascido de si mesmo". *Linga* é geralmente usado para significar "falo", mas em sânscrito também significa "símbolo" e se diz que: *sarvabhutam atmakam lingam*, "o que quer que exista é *linga*". *Linga* significa "gênero" e é um símbolo da forma masculina de energia. Nessa condição, é também entendido como Shiva, que representa o princípio masculino.

A Kundalini representa o princípio feminino. Ela é mostrada aqui na forma de uma serpente enrolada três vezes e meia em torno de Svayambhu Linga. Sua boca está aberta em Sushumna (voltada para cima) e está conectada com a nadi Brahma. Ela pertence à eterna consciência (*vidya tattva* ou *Brahma vidya*) e é dotada de supremo poder de yoga. Ela é de suprema sutileza e tem um profundo desejo de união com seu amado Senhor, o Ser Supremo.

Os princípios masculino e feminino, Shiva e Shakti (Kundalini) estão juntos no triângulo invertido (*tripura*), mas não em completa união. Sua união acontece apenas no chakra Kameshvara (descrito com detalhes na seção sobre o chakra Soma). O Linga brilha como relâmpago e a energia irradiada por ele é fresca como uma lua cheia, ao passo que a energia da Kundalini Shakti é quente e semelhante ao fogo. Assim, eles são o eterno par de opostos. O Linga é preto, que se torna um cinza brilhante por causa da radiação emitida dele. Ele é descrito como *shyamala* (preto, cinza, preto esverdeado). Segundo algumas escrituras, ele tem a cor de uma folha verde nova e a Kundalini Shakti que está enrolada em torno dele tem a cor verde escuro. O aspirante deve meditar em Shiva e Shakti como o Linga e a serpente enrolada que irradiam como a Lua e o Sol.

O *Rudrayamala Tantra* afirma que o Svaya Linga brilha como dez milhões de sóis. Ele é a fonte de todo conhecimento e não pode ser alcançado pelo conhecimento intelectual. Ele é revelado apenas pelo verdadeiro conhecimento (*tattvajnana*) e profunda concentração (*dhyana*). O aspirante pode ver esse Linga apenas quando ele ou ela se torna consciente da verdadeira natureza do Si Mesmo que está além da existência física e psicológica. Então o Si Mesmo espiritual é nascido dentro (*svayambhu*).

Elemento (*Tattva*): A terra é o mais denso de todos os elementos, sendo a mistura dos quatro outros elementos: água, fogo, ar e *akasha*. Ela dá estabilidade e segurança e provê condições para a completude humana em todos os níveis. O sentido do olfato está relacionado ao elemento terra e o nariz é o órgão dos sentidos desse chakra. A terra domina a química do corpo por vinte minutos quando a respiração flui da narina direita ou esquerda. O elemento terra (não o planeta) é a base do corpo, dos ossos, da carne, da pele, das nadis e dos pelos corporais. O crescimento destes é intensificado pelo elemento terra quando ele se torna dominante durante a respiração nasal, a partir de uma das duas narinas. Ele é mais adequado para atividades sem movimento, na medida em que dá persistência. O gosto adocicado do elemento terra, em conjunção com a água forma o *kapha* (muco) *dosha*, um dos três humores corporais descritos pela ciência indiana da medicina, o Ayurveda. A veneração feita na presença desse elemento produz *siddhis* (poderes sobrenaturais).

Sílaba Seminal (*Bija Mantra*): A sílaba seminal LAM é produzida colocando os lábios em forma de um quadrado e empurrando a língua em um formato quadrado contra o palato. O som faz vibrar o palato, o cérebro e o topo do crânio.

Quando produzido de maneira adequado, o som LAM excita as nadis no primeiro chakra e cria um bloqueio que impede o movimento descendente da energia. O movimento ascendente da energia começa quando o final da sílaba, AM, faz vibrar a parte superior da cabeça. LA é a terra e M é *nada-bindu*, o som primal cósmico a partir do qual o universo se manifestou. A repetição do *bija mantra* aprofunda a concentração, propiciando atenção plena e força interior. As suas vibrações ajudam a criar uma passagem dentro da nadi Brahma. Elas são absorvidas pela Kundalini Shakti, que, quando despertada, flui através da nadi Brahma no caminho da Sushumna. O mantra se torna energia viva que leva embora as inseguranças associadas com o primeiro chakra.

LAM está conectado com o elemento terra e sua divindade principal, Indra. É por isso que ele é chamado de *aindra-bija*. LAM também é chamado de *prithvi-bija* e *kshiti-bija* (*prithvi* e *kshiti* significam "terra"). Ele desperta o poder de Indra e assume a forma da divindade com quatro braços montada no elefante Airavata.

O Portador (*Vahana*) da Sílaba Seminal: O elefante Airavata é uma das catorze joias que veio da forte agitação do oceano. Indra, o senhor do firmamento, escolheu-o como seu veículo. Tradicionalmente, o Airavata é mostrado como um elefante branco com sete trombas. As sete trombas são as cores do arco-íris (violeta, índigo, azul, verde, amarelo, laranja e vermelho – as sete frequências diferentes de luz). Essas sete frequências representam os sete aspectos da consciência individual que devem ser reconhecidos e que se desenvolveram em harmonia com as leis naturais. O arco-íris é associado de maneira natural a Indra, que, enquanto senhor do firmamento, é também o deus da chuva e do trovão. Indra é o principal entre os subdeuses, sugerindo alguém que dominou seus órgãos dos sentidos e órgãos da ação (*indriyas*). Os sete tipos de desejos (por segurança, sexualidade, longevidade, compartilhamento, conhecimento, autorrealização e união) também são vistos nas sete trombas e sete cores. Eles são associados com os sete chakras, as sete notas em uma oitava e os sete planetas principais.

O elefante é um símbolo de força. A força física vem dos sete constituintes do corpo físico (*dhatus*), que são nutridos num nível celular pelo elemento terra:

- *Shukra* – tecido reprodutivo
- *Rasa* – fluidos
- *Rakta* – sangue
- *Mamsa* – carne, nervos, fibras, tecidos
- *Medha* – gordura
- *Asthi* – ossos
- *Majjan* – medula óssea

O elefante representa a ânsia fundamental pela sobrevivência, uma busca vitalícia por alimento para o corpo, a mente e o coração. Pelo fato de o elefante poder carregar cargas pesadas, ele é um símbolo da força física. Contudo o elefante também executa as ordens de seu mestre com humildade, indicando que o desenvolvimento físico não precisa impedir o crescimento espiritual, mas pode se harmonizar com as qualidades espirituais. Airavata, um elefante branco, representa o desenvolvimento físico espiritualizado. *Kunjara*, ou *Ganesha Kriya* (lavar a região anal com água com a ajuda de um dedo) foi desenvolvido a partir do exemplo do elefante. Isso é usado no Yoga para a purificação e vitalização do corpo (trato abdominal inferior) e torna o aspirante apto para a prática do controle adamantino. No nível psicofísico, um primeiro chakra bem trabalhado traz controle, força física, paciência, a habilidade de suportar cargas pesadas de trabalho e uma vida disciplinada.

Divindade: Brahma. O senhor da criação, Brahma, governa a direção norte e é *sáttvika* (puro, claro) por natureza. A energia *sáttvica* de Brahma aparece durante as horas crepusculares da madrugada e do anoitecer. Quando o imaginamos, invocamos uma quietude pacífica na mente. Todos os medos e inseguranças são resolvidos por intermédio do Senhor Brahma, o criador sempre vigilante. O aspecto básico da forma-Brahma é o princípio do olfato (*gandha tanmatra*). Em seu estado não manifesto ele está dentro do *bindu*, a verdade suprema que é a semente de todos os fenômenos manifestos. Afirma-se que antes da manifestação o poder criativo assume um caráter triplo, os três pontos de poder específicos de *bindu*, *bija* e *nada* (*Sharada Tilaka*). A eclosão do *bindu* é o início da diferenciação. Brahma, o criador do plano físico (Bhur Loka), emerge do *bindu*. Quando a criação começa, *bindu* torna-se *bija* e depois *nada*. A partir de *bija* vem Vishnu e a partir de *nada* emerge Rudra.

Quando a sílaba seminal *LAM* é repetida com a respiração fluindo no elemento terra, no primeiro chakra, Brahma se manifesta como uma criança, Bala Brahma (*bala* – criança) que brilha como o sol da manhã. Essa radiante Criança Brahma tem quatro cabeças e quatro braços. A sua pele é da cor do trigo. Ela veste uma *dhoti* amarela (tecido tradicional indiano, enrolado de forma a cobrir a parte inferior do corpo), um lenço verde e um fio sagrado. Cada uma das quatro mãos de Brahma carrega uma bênção para o aspirante. Com uma das mãos, ele transmite o destemor (*abhaya mudra*) e bênçãos. A segunda mão segura um vaso de água (*kamandalu*), que contém a água sagrada, o elixir. Em sua terceira mão está uma flor de lótus ou um rosário (*mala*) para *japa*. Na quarta mão ele carrega pergaminhos que descrevem o conhecimento divino. Com quatro cabeças, ele vê em todas as direções ao mesmo tempo. Cada cabeça representa um dos quatro aspectos da consciência humana. Estes são reconhecidos como:

1. O Eu Físico: O corpo celular, que sobrevive de alimentos, sono e sexo, e precisa de exercício para crescer e se desenvolver. O eu físico é manifestado por meio da terra, da matéria e da energia maternal.
2. O Eu Racional: A lógica intelectual ou condicionada do processo de raciocínio de um indivíduo.
3. O Eu Emocional: Os humores e sentimentos que mudam continuamente dentro da pessoa. Lealdades e romance são influenciados pelo eu emocional mediante energia eletroquímica.
4. O Eu Intuitivo: A voz interior da mente consciente da pessoa.

As quatro faces ou cabeças de Brahma também representam as quatro formas de som:

- *Para* – não manifesto ou causal.
- *Pashyanti* – manifesto como vibrações primais, *pranava*.
- *Madhyama* – claramente definido, organizado, encontra tom, voz.
- *Vaikhari* – diálogo acústico audível.

Por meio dessas quatro cabeças, Brahma comunica a sabedoria cósmica em forma de quatro *Vedas* (escrituras sagradas). Quando Brahma é invocado pela repetição de *LAM*, todos os quatro aspectos da consciência do aspirante tornam-se mais claros pelo brilho de Brahma.

Shakti: Dakini. Ela é a divindade governante, o porteiro e o poder ou energia (*shakti*) do chakra Muladhara. A entrada no caminho da Sushumna não é possível sem agradar o porteiro. A Dakini deveria ser venerada como a Shakti de Brahma (poder de Brahma). A cor dela é rosa radiante, seus olhos são vermelhos brilhantes. O *Gandharva Tantra* descreve a sua cor como branca e o *Shat Chakra Nirupana* a descreve esplendorosa como o brilho de muitos sóis surgindo ao mesmo tempo. Embora no *Kaulavali Tantra* ela seja vermelha como o sol nascente e com dentes ameaçadores, ou seja, uma deusa de aparência irada e terrível, na meditação ela deve ser visualizada em sua disposição e forma agradáveis.

A Dakini porta a luz do conhecimento divino que ela comunica aos yogins. A sua única cabeça indica concentração, em que o factor do eu se dissolve. O *Kankalamalini Tantra* descreve a sua face "linda como a Lua". O *Kularnava Tantra* diz que ela é radiante e parece ágil. Ela está vestida de um modo divino e é a mãe da saúde. Ela tem quatro braços e mãos. Em sua mão direita inferior, ela segura uma espada com a qual elimina o medo, destrói a ignorância e ajuda o aspirante (*sadhaka*) a superar todas as dificuldades. Em sua mão direita superior, ela segura um escudo de proteção. Em sua mão esquerda inferior, ela segura um crânio (às vezes um bastão em forma de caveira), que indica imparcialidade em relação ao medo da morte, o bloqueio psicológico básico do primeiro chakra. Em sua mão esquerda superior, ela segura um tridente que simboliza a energia combinada do criador, do preservador e do destruidor.

Regente: Ganesha. O deus com cabeça de elefante, Ganesha é o senhor a ser invocado no início de qualquer empreendimento, pois confere proteção e remove todos os obstáculos. Ganesha foi criado pela Divina Mãe Shakti, a consorte de Shiva, a partir do barro (*raja*) do próprio corpo dela. Essa história de seu nascimento demonstra a clara conexão dele com o elemento terra (*raja*) do primeiro chakra. Assim, no início de todas as cerimônias desde o nascimento até a morte, incluindo a meditação na Kundalini, um pedaço de barro simbolizando Ganesha deveria ser venerado em primeiro lugar. (Outros detalhes sobre a história de Ganesha são dados em meu livro *Tools for Tantra*.)

A cor da pele de Ganesha é laranja coral. Ele veste um *dhoti* de cor amarelo-limão. Um lenço de seda verde está drapeado em seus ombros. Ele tem quatro braços para servi-lo enquanto age como um destruidor de obstáculos. Em sua mão superior direita, ele segura um machadinho que simboliza o controle do "elefante dos desejos" e o rompimento da servidão dos desejos. O machadinho separa a pessoa da falsa identificação de seu verdadeiro Si Mesmo com o corpo físico. Com a sua mão direita inferior, Ganesha transmite o destemor.

A sua mão esquerda superior segura um laço (*pasha*), simbolizando a servidão do apego mundano. A sua mão esquerda inferior segura um *laddu*, uma bola doce e perfumada feita de farinha de grão-de-bico, que simboliza *sattva*, o mais refinado estado de pura consciência. O *laddu* também traz saúde e prosperidade ao lar.

A mente racional cria obstáculos para qualquer tipo de veneração. A veneração de Ganesha envolve aceitá-lo como um removedor de obstáculos. Isso conquista a mente racional, ou hemisfério esquerdo, que é, por natureza, analítico e crítico, e libera o hemisfério direito, que é emocional e necessário para qualquer aventura espiritual. A visualização de Ganesha ajuda a deter o diálogo interior. Aquele que sente aversão pela forma exterior não consegue admirar a beleza interior e o poder de Ganesha, mas quem transpõe a realidade física pode ver em Ganesha a união de amor e sabedoria.

Técnicas e Efeitos da Meditação: A meditação no topo do nariz (o órgão sensorial do chakra Muladhara) induz a atenção plena, a liberdade da doença, a inspiração, a vitalidade, a energia, a força, a resistência, a estabilidade, a segurança e a leveza (o poder da levitação). A pessoa atinge a compreensão da pureza interior, a doçura na voz e o poder de ouvir a melodia interior (*nada*).

Aquele que conhece esse chakra vai além da escuridão. O conhecimento do mundo surge a partir do Chakra Muladhara e também é absorvido nele. Quando a energia espiritual da Kundalini Shakti é despertada, ela é radiante como um feixe de luzes. Ao fazer um *kumbhaka* especial (segurar a respiração) no chakra Muladhara (que só pode ser aprendido com um guru), o corpo treme e se torna leve. O yogin começa a dançar (levitar) e o universo em sua forma sutil é visto pelo yogin. Quando as nadis Ida e Pingala são controladas por meio do *kumbhaka* e a Kundalini começa a subir na nadi Brahma, o portão de Brahma (Brahma Dvara) se abre. Quando a Kundalini atinge a posição mais elevada (*Yogashikhopanishad*, 6-22-34), o aspirante se liberta do interesse pelos assuntos mundanos e o verdadeiro conhecimento dos três mundos é atingido.

Características Comportamentais no Chakra Muladhara: Esse chakra abrange os planos da gênese, ilusão, raiva, ganância, delusão, avareza, e sensualidade. A energia no primeiro chakra é influenciada pelo elemento terra e este está conectado com o desejo por segurança, na forma de trabalho e abrigo. Uma pessoa dominada pelo chakra Muladhara é obcecada pelo desejo de encontrar segurança.

Em geral, podemos comparar o comportamento de pessoas do primeiro chakra com o comportamento das formigas, que trabalham para a rainha de maneira fiel e abnegada. O seu ego está ligado à obtenção do favor de seu chefe. Elas são tementes a Deus e seguem as leis da instituição para a qual trabalham. Elas são a base da instituição a qual pertencem, o seu *mula* (básico) *adhara* (apoio). Elas trabalham duro, principalmente em busca de alimento e proteção. Para elas, o alimento é para satisfazer a sua fome e não o paladar.

Assim como o elemento terra, elas são sólidas e fortes, resistentes a todo tipo de dificuldades e são produtivas. Elas dependem basicamente de seus músculos, ossos, nervos, que pertencem ao elemento terra. A utilização de alimentos velhos, embalados, passados e pesados (*tamásicos*) as tornam um pouco pesadas e letárgicas. Elas não têm direção e precisam de ajuda para tomar decisões. Elas podem seguir ordens sem qualquer empecilho ou dificuldade, mas não conseguem dar ordens aos outros de maneira eficaz. As pessoas do primeiro chakra são atraídas pela veneração aos fantasmas e divindades aterradoras. Elas amam recompensas e têm pavor de punição. São humildes e respeitosas em relação ao seu chefe ou superior, mas severas com seus subordinados e duras com seus colegas. Quando uma pessoa do primeiro chakra entra na disputa da competição, ele ou ela é bem-sucedido por intermédio da força física, poder muscular, resistência e vigor. A ganância se torna o principal problema.

Em geral, uma criança na idade de 1 a 7 anos age a partir de motivações do primeiro chakra. A terra está sendo compreendida como uma nova experiência. A criança deve firmar a si mesma. A mãe e o pai são símbolos de segurança. A pequena criança será autocentrada e profundamente interessada pela própria sobrevivência física. Brincar com terra e barro, construir casas de brinquedo e comer doces (o gosto do elemento terra) são atividades muito atraentes para essa faixa etária.

É difícil, mas necessário, para uma criança aprender a regular padrões de alimentação, bebida e sono. A criança irá aprender o bom comportamento, tal como o respeito adequado pelos outros, se os pais forem rigorosos, mas amorosos. Entretanto, as crianças ficam ressentidas quando se lhes solicita, o tempo todo, a não fazer isso ou aquilo. Elas aprendem com mais facilidade pela imitação, de modo que a melhor maneira de ensinar é proporcionar um bom exemplo.

Quando existe uma ameaça à sua segurança, uma criança ou uma pessoa do primeiro chakra pode se tornar violenta e causar muitos problemas. Uma pessoa amedrontada pode agir de modo cego e sem sentido, como um animal encurralado, devido ao sentimento de perda da segurança básica (*mula*). Maxilares e punhos contraídos são a sua postura costumeira quando está cercada por vários tipos de pessoas. A força é seu melhor amigo e a fraqueza de qualquer tipo, seu pior inimigo.

As pessoas dominadas por este chakra em geral dormem entre dez e doze horas por noite de barriga para baixo, comem mais, falam menos, são descuidadas ou distraídas e não vivem de acordo com as leis naturais (não têm consciência sobre a alimentação saudável). Elas deveriam ser apresentadas a melhores maneiras de viver e de se alimentar, o que irá reduzir o seu medo. Como as crianças, elas precisam de orientação.

O chakra Muladhara é a localização da Kundalini enrolada e é a raiz de todo crescimento e consciência da divindade humana. Entretanto, quando esse chakra se torna uma fonte de dificuldade que impede o fluxo da energia nos centros superiores, ele torna a pessoa muito autocentrada, cruel e violenta. Ele pode tornar as pessoas criminosas ou levá-las a aceitar trabalhos como o de soldado ou policial, nos quais elas expressam em ações os seus problemas básicos e, em virtude da autoridade investida nelas, são violentas e cruéis sem serem criminosas. A única cura é seguir os *yamas e niyamas* (restrições e regras) e viver de acordo com as leis naturais, com alimentação, sono e sexo moderados. É preciso praticar *pranayama* (o controle de *prana*) e manter o sistema físico livre de maus cheiros que tornam o *apana* mais tóxico.

CHAKRA SVADHISHTHANA
(SEGUNDO CHAKRA)

Nomes:	Svadhishthana, Adhishthana, Shaddala
Significado dos nomes:	A Morada de Si Mesmo (*sva* – si mesmo ou *prana*, *adhishthana* – morada) com Seis Pétalas
Localização:	Região genital, plexo hipogástrico
Elemento (*Tattva*):	Água
Cor do elemento:	Cor da água: transparente, branca, azul clara
Forma (*Yantra*) do elemento:	Círculo, como uma gota de água
Sílaba seminal (*Bija Mantra*) do elemento:	VAM
Cor da sílaba seminal:	Ouro
Portador (*Vahana*) da sílaba seminal:	Crocodilo (*makara*)
Número de Pétalas:	Seis
Cor das pétalas:	Vermelho, vermelho-alaranjado com um toque de carmesim
Sons seminais das pétalas:	*BAM, BHAM, MAM, YAM, RAM, LAM*
Aspecto:	Procriação, família, fantasia, criatividade, sensualidade
Sentido predominante:	Paladar
Órgão dos sentidos:	Língua
Órgão da ação:	Genitais
Ar (*Vayu, Prana*):	*Apana* (ver descrição no primeiro chakra)

Chakra Svadhishthana

स्वाधिष्ठान् चक्र

Som Seminal da Pétala

बं भं मं यं रं लं

Plano (*Loka*): Plano astral (*Bhuvar Loka*))
Planeta regente: Mercúrio (lunar, feminino)

Forma do *Yantra*: O círculo com crescente. O círculo, que representa o elemento água, deve ser pintado de branco. O crescente dentro do círculo é associado com a Lua e, portanto, é de cor prateada.

A combinação da lua crescente com o círculo no yantra do Chakra Svadhishthana estabelece de maneira clara a relação entre a água e a Lua. A Lua em si mesma está relacionada com o chakra Soma e não é o planeta governante do chakra Svadhishthana. Entretanto, a Lua desempenha um grande chakra na vida de uma pessoa do segundo chakra, que passa por muitas flutuações emocionais durante as fases de mudança da Lua. Pelo fato de o chakra Svadhishthana ser associado com os genitais, ele está conectado com a procriação, que está diretamente ligada à Lua. O ciclo menstrual das mulheres reflete o ciclo mensal da Lua.

O Círculo com Seis Pétalas: Do lado de fora do círculo branco que representa o elemento existem seis pétalas de lótus. A cor dessas pétalas é de um vermelho mais profundo que a das pétalas do chakra Muladhara. É uma mistura de cinábrio com um vermelho profundo (carmesim ou escarlate). As seis pétalas representam seis importantes modificações mentais (*vrittes*): (1) afeto (condescendência), (2) desconfiança, (3) desdém, (4) ilusão, (5) destrutividade e (6) impiedade (conforme expresso no *Mahanirvana Tantra*). Essas modificações mentais são as energias das divindades conectadas com as pétalas.

Elemento (*Tattva*): A água vitaliza e é chamada de essência da vida. Três quartos da Terra são cobertos de água e quase três quartos do peso do corpo humano é composto de água, que está presente em forma de sangue, muco, urina, saliva, linfa e outros fluidos. O elemento água se desenvolve a partir de *rasa tanmatra* (princípio do paladar), motivo pelo qual a língua é o órgão sensorial. A água está intimamente conectada com a Lua, o que é mostrado pela influência do ciclo lunar nas marés do oceano. A lua crescente e a lua minguante também influencia a química do nosso corpo e nossas emoções. O elemento água também está conectado com a Lua em nosso ciclo respiratório. A energia lunar é evocada quando o elemento água (que é dominante por dezesseis minutos em cada ciclo de respiração nasal de uma hora) está acompanhado pela respiração dominada pela narina esquerda. A respiração pela narina esquerda ativa a nadi Ida, que é lunar por natureza. Quando a nadi Ida é ativada, ela estimula o hemisfério direito do cérebro, que está relacionado ao comportamento emocional. Assim, nesse chakra, vemos a relação entre a água, a Lua, as emoções e a psique.

Sílaba Seminal (*Bija Mantra*): VAM. Para produzir esse som, os lábios fazem a forma de um círculo e o ar é empurrado através dos lábios com o som ressoando como se estivesse vindo de um tubo. A concentração deve ser na imagem do segundo chakra (não os genitais) quando a sílaba seminal VAM é repetida. Se produzida de maneira apropriada, o som desse *bija mantra* irá influenciar o fluxo de *prana* no chakra Svadhishthana. Sons de água intensificam o poder dessa sílaba seminal: quando o *bija mantra* é repetido na presença do elemento água, ele intensifica a produção e circulação de fluidos no corpo. O poder de Varuna, um aspecto de Vishnu, está presente no *bija mantra VAM*. Quando ele é repetido em conjunção com as sílabas seminais das seis pétalas (*BAM, BHAM, MAM, YAM, RAM* e *LAM*), a energia do chakra é purificada e capaz de limpar muitos bloqueios nas regiões inferiores do corpo.

Portador (*Vahana*) da Sílaba Seminal: Crocodilo (*makara*). O crocodilo representa o vigor sexual. É um animal que se locomove com um movimento sinuoso, mostrando a natureza sensual da pessoa do segundo chakra. Antigamente, a gordura do crocodilo era usada para aumentar a virilidade dos homens. O crocodilo captura a sua presa por meio de muitos artifícios. Ele gosta de boiar e mergulhar profundamente na água. Os hábitos do crocodilo de caçar, de usar de artifícios, de tomar sol nas praias, flutuar e fantasiar são qualidades de uma pessoa obcecada por uma mente do segundo chakra. O dito "chorar lágrimas de crocodilo" também é conhecido nas línguas indianas e se refere a uma falsa manifestação das emoções. O crocodilo é o veículo de Varuna, o senhor da água no oceano, no rios, nos lagos e nas lagoas. Varuna está relacionado com Indra, o senhor da água na chuva e nas nuvens, que é associado ao primeiro chakra. De maneira semelhante, a energia sexual do segundo chakra está relacionada com a energia do primeiro chakra: o desejo por alimento para o corpo, a mente e o coração. O ar (vayu) de ambos os chakras é *apana*. Portanto, um primeiro chakra forte intensifica a atividade sexual no segundo chakra.

Divindade: Vishnu, o senhor da preservação. Brahma cria, mas depois da criação vem a preservação. A preservação é auxiliada pela força vital (*prana*) e diversas energias que atuam juntas para ajudar o organismo a crescer e a se desenvolver. Essas energias revigorantes são diferentes divindades que residem dentro do corpo. Todos esses deuses e subdeuses são a energia de Vishnu. Vishnu é a fonte do poder espiritual e do conhecimento mais elevado, que está presente em cada átomo e célula. A palavra *vishnu* vem de *vish*, que significa "penetração". Ele penetra em tudo. O universo é mantido pelo seu poder. Quando tudo é destruído na dissolução (*pralaya*), apenas Vishnu permanece. Ele é o deus responsável por manter um equilíbrio entre as forças vitalizadoras de Brahma e as forças destrutivas de Shiva. Sempre que o equilíbrio entre as forças de criação e de destruição é perturbado, Vishnu tem que encarnar para criar um equilíbrio novamente. Ele é o eterno benfeitor do chakra Svadhishthana.

A pele de Vishnu é azul da cor do céu e ele veste um *dhoti* amarelo-dourado. Um lenço verde cobre seus quatro braços. Às vezes Vishnu é mostrado em azul-escuro, ou preto, conduzindo o seu poder concentrado relativo ao *vayu* na forma de Garuda (a águia, o rei dos pássaros). Quando o aspecto *sáttvico* de Vishnu é retratado, ele mostra a cor branco-cristal. Nessa forma ele é chamado de Satya Narayana e representa a verdade imutável (*satya*) dentro de todas as coisas, o eterno sem-forma. Vishnu, a eterna verdade suprema, veste uma grinalda feita de flores selvagens (*vana mala*) que é a ilusão sempre inconstante (*maya*). O *apana vayu* que também está presente é *rajásico* em qualidade. Assim, a cor azul-escura de Vishnu, influenciada pela cor amarela de *rajas*, mostra-se na cor verde-mar ou azul-turquesa.

Em seus quatro braços, Vishnu segura quatro implementos que são essenciais para a plena apreciação da vida por meio da realização dos quatro *padarthas* (objetos de realização): riqueza (*artha*), código de conduta ou lei (*dharma*), apreciação da beleza (*kama*) e libertação (*moksha*).

- Gada, o cetro ou clava, simboliza o poder de controlar. A clava é uma ferramenta para atravessar obstáculos. É feita de metal, que é terra e sua cor é prata-metálico. Quando Vishnu é retratado segurando-a na sua mão direita inferior, significa que o controle da terra e sua imensa riqueza estão em seu poder. Por meio de seu *gada*, Vishnu tem o poder de manter o mundo. Isso também significa que a segurança terrena na forma de riqueza monetária (*artha*) é o primeiro requisito antes que os desejos sexuais (*kama*) possam ser realizados.

- *Chakra* é o anel dourado de luz (consciência), girando no dedo indicador da mão direita superior de Vishnu. Em contínuo movimento em torno do seu eixo, permanecendo firme e em conformidade com sua rotação, ele simboliza o *dharma*, a lei natural. Essa roda de *dharma* (*dharma chakra*) revolve em torno do eixo do poder da energia de preservação. A sua rotação constante cria o ciclo do tempo, o ritmo cósmico, a dança da preservação (*rasa lila*). Tudo o que não estiver em conformidade com esse ritmo cósmico deve automaticamente chegar ao fim. O *chakra* atravessa obstáculos tais como o da ignorância e da irreverência e destrói a desarmonia e o desequilíbrio.
- *Padma*, o lótus de cor rosa-pálido na mão esquerda de Vishnu, é um símbolo de pureza. Um lótus cresce na lama, não obstante permanece luminoso, radiante e gracioso, sem ser absolutamente afetado pelo seu ambiente. O lótus é também um símbolo de beleza e apreciação da beleza (*kama*).
- *Shankha*, a concha espiral, contém o som das ondas do oceano e representa o som puro (*mantra*) que traz libertação (*moksha*) aos seres humanos. A concha é o princípio do vazio (*akasha*). Sua cor é branca.

Vishnu encarna os princípios do viver correto. A sua natureza é de *lila* (jogo, esporte divino). Ele também é o herói do drama cósmico. Tudo isso deve ser mantido em mente ao se meditar em Vishnu.

Shakti: Rakini. A Rakini de duas cabeças é a porteira do chakra Svadhishthana. As duas cabeças da Rakini representam a energia dividida do segundo chakra. Elas indicam a dualidade entre o "eu" e o outro. Os esforços e a energia da pessoa do segundo chakra são dispendidos na obtenção de um equilíbrio entre o mundo exterior e o mundo interior. Assim como a Dakini do chakra Muladhara, a Rakini é um aspecto da Kundalini Shakti. A sua pele é rosa-pálido ou vermelha (conforme expresso no *Kankalamalini Tantra*). Entretanto, outras escrituras tântricas, tais como *Kularnava Tantra* e *Shat Chakra Nirupana*, descrevem-na na cor do lótus azul-escuro, negra, lustrosa e amedrontadora, com dentes proeminentes. Ela veste um sari vermelho e usa joias em torno do seu pescoço e dos quatro braços. O seu lenço é leve e azul-escuro. A sua face é bela, encantadora e inspira aqueles que seguem a restrição na gratificação dos desejos; ela é impressionante e assustadora para aqueles que são escravos de seus desejos. A primeira inspiração da arte e música vem de Rakini Shakti.

Em seus quatro braços Rakini segura os seguintes implementos:

- Uma flecha. Atirada do arco de Kama, o senhor do amor erótico, essa flecha representa a concentração do desejo em seu objeto. O desejo pode manter uma pessoa focada num só ponto, impedindo que a energia flua em várias direções. Mas essa qualidade unidirecional não é uma característica permanente do caráter de uma pessoa do segundo chakra. Ela persiste apenas enquanto a flecha não atinge o alvo desejado. A flecha também indica o ímpeto pelo movimento ascendente dentro desse chakra. A flecha de Rakini é a flecha dos sentimentos e emoções, que trazem tanto prazer como dor à medida que surge a dualidade.
- Um crânio. O crânio simboliza a natureza da pessoa romântica, que segura a cabeça entre as mãos: as emoções dominam o seu comportamento. Ele também indica a liberdade do medo da morte, que contribui para a natureza romântica de uma pessoa do segundo chakra.
- Um tambor (*damaru*). O tambor representa som (*mantra*) e ritmo. Diz-se que no tempo da criação, Shiva, de bom humor, tocou o seu tambor, a partir do qual vieram as dezesseis vogais e as 34 consoantes na língua sânscrita, conhecidas como *matrikas* (a energia materna expressa como som). Assim, o som do *damaru* significa *nada* (som primordial), ou *mantra*. O bater do tambor também marca o tempo e o ciclo rítmico. O ritmo faz o corpo se mover em forma de dança e este é um poderoso instrumento de expressão para a pessoa do segundo chakra.

ଊ Um machado (*parashu*). O machado simboliza a remoção de qualidades não espirituais profundamente enraizadas. O machado é uma ferramenta antiquíssima, se não a primeira. Com ele, a Rakini Shakti corta todos os obstáculos dentro do segundo chakra que bloqueiam o caminho do desenvolvimento mais avançado da personalidade.

Técnicas e Efeitos da Meditação: A meditação no chakra Svadhishthana permite à mente refletir o mundo, assim como a Lua reflete o Sol. A pessoa adquire a habilidade de usar uma energia criativa e duradoura para elevar-se às artes refinadas e aos relacionamentos puros com os outros, tornando-se liberta da luxúria, da raiva, da ganância, da inquietação e do ciúme. Ela combina a meditação no elemento água como essência da vida, no *apana vayu* como força vital, nas pétalas, em Vishnu e na Rakini. Os aspirantes devem meditar nas seis pétalas e repetir os seus *bijas mantras*. O *japa* alto em tons melodiosos pode ser feito quando se está colorindo as pétalas e a repetição silenciosa pode ser realizada durante o exercício de visualização. Ao entoar as sílabas seminais, a pessoa deve se concentrar no *uddiyana bandha* descrito na página 63 no capítulo 2, "Kundalini e Yoga". Se for praticado com regularidade, o *uddiyana bandha* ajuda na restauração do funcionamento sexual e no controle dos músculos abdominais e da bexiga durante *kumbhaka* (segurar a respiração). Isso permite um fluxo desobstruído de energia com *apana vayu*. Se a meditação no segundo chakra for feita na presença do elemento água, ela conduz a *bhakti,* o envolvimento emocional com qualquer das formas do Divino, especialmente Vishnu, que permeia todas as formas. Ela limpa a passagem da energia espiritual além do Brahma Granthi, o nó do mundo de nomes e formas.

Quando o Senhor Vishnu, que é caridoso e tem um semblante da mais pura natureza, é visualizado, segue-se uma sensação de paz como a quietude de um lago. A meditação na Rakini possibilita que sua flecha atravesse as modificações mentais da suspeita, do desdém, da ilusão, da falta de piedade e da destrutividade que ocupam as pétalas desse chakra. A meditação no segundo chakra também aumenta o magnetismo pessoal, o comportamento mais refinado, a liberdade de doenças corporais e a longevidade. Os prazeres e tesouros mundanos são abandonados por causa do ser amado. Esse afastamento do mundo ajuda o aspirante do yoga a seguir o movimento ascendente da energia. A verdade se torna amor e amor é Deus.

Características do Comportamento no Chakra Svadhishthana: O chakra Svadhishthana abrange o plano astral, o espaço entre céu e terra, bem como os planos de diversão, fantasia, niilismo, ciúme, misericórdia e alegria (em companhia do sexo oposto apenas). A energia do chakra Svadhishthana é influenciada pelo elemento água. A água está conectada com a vida, conforme é mostrado pela palavra sânscrita para vida (*jiva*), que também significa água. Como esse chakra está conectado com a procriação da vida, ele também está relacionado com a família e as responsabilidades de uma família. Como os genitais são o seu órgão de ação, ele está conectado com a sexualidade e as fantasias.

A expansão da personalidade começa nesse chakra. No primeiro chakra, a personalidade revolvia em torno de empregador, emprego e colegas. No segundo chakra, o círculo de amigos se expande. A pessoa tenta estabelecer a sua identidade para atrair os membros do sexo oposto. A glorificação de si próprio tem início e os admiradores são necessários. Os ideais elevados são atraentes. Os sacrifícios pelos outros (exclusivamente do sexo oposto) começam. Isso é percebido de maneira muito bela no casamento e na vida familiar. Contanto que se permaneça fiel às normas da vida em família, não existem problemas no segundo chakra, mas quem atribui muita importância à gratificação dos sentidos e se torna egoísta, então esse chakra criará problemas psicológicos.

No primeiro chakra, os objetivos básicos eram procurar segurança financeira e poder muscular. A atenção era linear e seguia uma única direção. No segundo chakra, a atenção muda de objeto, voltando-se para os desejos, as fantasias de natureza sexual e a criatividade. Arte, música e poesia são atraentes e significativos. Aqui a terra se torna uma joia e a bem-aventurança é possível. Um senso de paladar se desenvolve e a comida não existe apenas para satisfazer a fome, mas também para o prazer. Uma pessoa do segundo chakra procura ocasiões de diversão, vai a clubes e festas, participa de competições, e procura a atenção de membros do sexo oposto. Ele ou ela dormirá de oito a dez horas por noite numa posição fetal.

Imaginação, fantasias e disposições fazem o comportamento de uma pessoa do segundo chakra mudar com frequência. O desejo, que basicamente é um desejo criativo, culmina no desejo por amor, no qual os sentidos funcionam em relação a objetos agradáveis e os órgãos conativos (a mente, o intelecto, o ego e o próprio sentimento) aumentam as sensações de prazer. Nesse chakra, o desejo pela satisfação mais elevada, a bem-aventurança atingida em *samadhi*, toma a forma de um anseio pelo prazer conjugal. O entusiasmo é buscado na beleza física, no movimento rítmico, na música emocionante, na nudez, em histórias e poemas que anunciam heróis e heroínas majestosos, destruidores do mal. A mídia proporciona muito material para excitação e divertimento da pessoa do segundo chakra. Assim como as pessoas do primeiro chakra acreditam em fantasmas e espíritos do mal, as pessoas do segundo chakra acreditam em superstições, presságios e as influências dos sonhos.

Uma pessoa do segundo chakra muitas vezes finge ser um príncipe ou princesa, herói ou heroína, muda de papéis, mantém uma autoestima elevada e é cavalheiresca. O comportamento de uma pessoa do segundo chakra pode ser chamado de caminho da borboleta: apreciando a beleza de cada flor, flertando, voando, esquecendo. É mais divertido esperar do que ter a relação sexual. Verter lágrimas de crocodilo é um comportamento comum no segundo chakra.

Em geral, uma pessoa entre as idades de 8 e 14 anos age a partir da motivação do segundo chakra. Como a terra que se dissolve na água, a criança começa a procurar o contato físico da família e dos amigos, em vez de ficar só e na defensiva, como fazia no primeiro chakra. A imaginação aumenta. Quando a necessidade de alimentos e abrigo é satisfeita, a pessoa está livre para visualizar qualquer ambiente e circunstância que desejar. A sexualidade entra nos relacionamentos como uma nova consciência do desenvolvimento do corpo físico. As regras e os regulamentos da família e da sociedade se tornam insuportáveis e a pessoa se transforma num rebelde.

O segundo chakra também inclui a nulidade, um estado de vazio e ausência de propósito. Quando o mundo é visto como um obstáculo, as leis sociais como restrições e a disciplina como um controle indesejado, a mente negativa começa a funcionar. Nada entusiasma, nada agrada, o pessimismo toma conta e tendências suicidas se desenvolvem. Inveja e ciúme surgem do desejo de possuir o tempo ou a qualidade de outras pessoas. Isso resulta num estado de inquietude, ansiedade e destrutividade. O desejo por sensações físicas e fantasias mentais também pode causar um problema para a pessoa neste nível. Inventar histórias para chamar a atenção, contar mentiras, a falsa autoestima e as más companhias podem causar tensão. Assim como a água flui dos níveis mais elevados para os mais baixos, o segundo chakra pode ter um efeito descendente de redemoinho na psique. Para a pessoa permanecer saudável e equilibrada, deve entender e respeitar as limitações naturais do corpo e da mente. A alimentação, o sono e o ato sexual devem ser regulados para se obter um estado harmonioso e pacífico.

No primeiro chakra, o prazer sexual existe para satisfazer os impulsos físicos e para o conhecimento básico. No segundo chakra, ele se torna prazeroso por si mesmo, e se não forem espiritualizadas, as pessoas cometem excessos sexuais. No terceiro chakra, o sexo produz uma libertação de tensões e um senso de autoridade e controle. No quarto chakra, o sexo é companhia, contato. No quinto chakra, a satisfação sexual chega por meio do som. Em todos os chakras o sexo é apreciado, mas no segundo chakra ele necessita de todos os seguintes aspectos: a satisfação da necessidade física, jogos divertidos com diferentes posições (*asanas*) corporais, controle, contato e som. Se a pessoa for espiritualizada, o sexo permanece confinado a um parceiro, mas a mente permanece ocupada com o corpo físico mais do que com a pessoa dentro do corpo.

Nota Especial: O Tantra da mão esquerda oferece um meio de elevar a consciência ao nível mais alto de *samadhi* por meio de ritos sexuais. Ele é conhecido como "yoga por meio de *bhoga* (prazer)". Ao usar a energia sexual para excitar a energia espiritual, as práticas tântricas da mão esquerda subjugam a mente inquieta e a torna focada em uma direção. O intercurso sexual (*maithuna*) é utilizado como artifício para despertar a Kundalini Shakti enrolada. As técnicas de controle de *apana* são usadas para restringir o *kandarpa vayu* e deter a ejaculação. No lugar desta, o fluido seminal, com o fluido da vagina, é dirigido para cima para o chakra Soma.

Chakra Manipura

मणिपूर् चक्र

Som Seminal da Pétala

डं ढं रां तं थं दं धं नं पं फं

CHAKRA MANIPURA
(TERCEIRO CHAKRA)

Nomes:	Manipura, Manipuraka, Nabhi
Significado dos nomes:	Cidade das Joias ou Pedras Preciosas (*mani* – joia ou pedra preciosa, *pura*, morada), Umbigo (*nabhi* – umbigo)
Localização:	A parte da coluna vertebral que corresponde à região do umbigo
Elemento (*Tattva*):	Fogo
Cor do elemento:	Vermelho, como o fogo ou o sol nascente
Forma (*Yantra*) do elemento:	Triângulo (apontando para baixo)
Sílaba seminal (*Bija Mantra*) do elemento:	RAM
Cor da sílaba seminal:	Dourado
Portador (*Vahana*) da sílaba seminal:	Ram (*mesha*)
Número de Pétalas:	Dez
Cor das pétalas:	Azul
Sons seminais das pétalas:	*DAM, DHAM, NAM* (sons *retroflexos*); *TAM, THAM, DAM, DHAM, NAM* (sons dentais); *PAM, PHAM* (sons labiais)
Aspecto:	Visão, forma, cor, ego
Sentido predominante:	Visão
Órgão dos sentidos:	Olhos
Órgão da ação:	Pés e pernas

Ar (*Vayu, Prana*):	*Samana*, o ar que habita na região abdominal superior na área do umbigo, ajudando o sistema digestivo a produzir, assimilar e distribuir a essência dos alimentos para o corpo inteiro.
Plano (*Loka*):	Plano celestial (*Svah* ou *Svarga Loka*)
Planeta regente:	Sol (solar, masculino)

Forma do Yantra: Triângulo invertido que é de cor vermelho-fogo. O triângulo é o símbolo do elemento fogo. Por meio deste elemento, a energia manifesta recebe uma forma (*rupa*). O triângulo é a forma geométrica rígida mais simples: precisa apenas de três lados, e, no entanto, é uma entidade em si mesmo. O triângulo invertido sugere o movimento da energia descendente. Ele obstrui o movimento ascendente da Kundalini até ser penetrado. A visualização do triângulo de cor vermelha brilhante ajuda o aspirante em sua evolução espiritual. O primeiro nó, Brahma Granthi, também é encontrado no Chakra Manipura.

O Círculo com Dez Pétalas: O triângulo vermelho está localizado dentro de um círculo circundado por dez pétalas. Cada pétala representa um aspecto de Braddha Rudra (Antigo Shiva), a divindade desse chakra. Elas são a localização das dez modificações mentais (*vrittis*): (1) ignorância espiritual (*avidya*) (2) sede (*trishna*) (3) ciúme (*dvesha*) (4) traição (*krurata*) (5) vergonha (*lajja*) (6) medo (*bhaya*) (7) desgosto (*nirasha*) (8) ilusão (*bhrama*) (9) insensatez (*murkhata*) (10) tristeza (*udasinata, duhkha*). As dez pétalas também retratam os dez *pranas* (*prana, apana, samana, vyana, udana, naga, dhananjaya, devadatta, kurma* e *krikilla*).

A cor das pétalas é azul, como a chama azul da parte mais luminosa do fogo. O *Shat Chakra Nirupana* afirma que elas têm a mesma cor preta intensa das densas nuvens de chuva (*purna megha prakasha*), mas o *Kankalamalini Tantra* e muitas outras escrituras tântricas aceitam o azul como a cor das pétalas.

Elemento (*Tattva*): O fogo é tanto calor como energia luminosa, mas o calor é dominante. Está relacionado ao Sol, o planeta regente desse chakra. O Sol é a fonte de vida no sistema solar e o umbigo representa a fonte da vida no corpo. Uma criança no útero está conectada com sua mãe através do cordão umbilical que, quando cortado, torna-se o umbigo. A mãe é a fonte de nutrição e energia para o feto em desenvolvimento. O fogo é a forma pela qual a energia da Kundalini permanece no corpo. O fogo na região do umbigo ajuda na digestão e absorção do alimento, o que supre o corpo todo com a energia vital necessária para a sobrevivência. Ele está relacionado com a fome, a sede, o sono, a letargia e a radiância (*ojas*). O fogo é purificador e nutriente e, não obstante, pode também se tornar destrutivo quando foge ao controle.

A nadi Sushumna é da natureza do fogo. A narina direita (nadi Pingala) é o Sol, a narina esquerda (nadi Ida) é a Lua. Quando ambas as narinas funcionam juntas, a Sushumna é ativada. A energia flui em dez direções quando a energia vem ao elemento fogo durante cada ciclo da respiração nasal.

Sílaba Seminal (*Bija Mantra*): *RAM*. Esse som é produzido fazendo-se uma forma triangular com os lábios e empurrando a língua contra o palato. O ponto principal de concentração quando se produz essa sílaba seminal é no terceiro chakra. O som se origina a partir do umbigo quando repetido de maneira adequada. O som *RAM* aumenta o fogo digestivo, que intensifica a assimilação e a absorção. Ele contribui para a longevidade, o principal objetivo de uma pessoa motivada pelo terceiro chakra. A natureza do fogo é o movimento ascendente e a repetição (*japa*) do mantra *RAM*, quando produzida de maneira adequada, ajuda o movimento ascendente da Kundalini. A localização desse *bija mantra* deve ser visualizada sempre no triângulo invertido.

Portador (*Vahana*) da Sílaba Seminal: O carneiro (*mesha*) é o portador da sílaba seminal *RAM*. O carneiro é um veículo do deus fogo, Agni, e é também associado com o planeta Marte. O carneiro retrata a natureza de uma pessoa do terceiro chakra. Enquanto as ovelhas são famosas por sua consciência de grupo e sua natureza dócil e inocente, o carneiro é famoso pela força física e a resistência na luta. Lutador, ele arremete contra seu oponente de frente e não desiste com facilidade. O som produzido ao soprar um chifre de carneiro era usado pelos soldados na guerra para dar-lhes coragem e força de luta.

Divindade: Braddha Rudra (Antigo Shiva). Rudra, a forma irada de Shiva, governa a direção sul e representa o poder da destruição. A destruição de um ciclo de criação é também o início do ciclo seguinte. No final de cada ciclo, tudo o que existe retorna a ele. Rudra também implica pranto e lamentação porque *rudra* vem da raiz sânscrita *rud* que significa "chorar".

Rudra é vermelho de raiva, mas parece ser branco ou branco-acinzentado, porque seu corpo está manchado de cinzas. Embora a pele de Shiva seja azul-cânfora ou vermelha em outras manifestações, Braddha Rudra deve aparecer na meditação como uma divindade da cor das cinzas. Ele tem uma barba branca brilhante como um *rishi*. Está sentado numa pele de tigre manchada de cinzas e está vestido com uma pele de tigre. O tigre representa a mente (*manas*). Em sua mão direita ele segura um tridente e em sua mão esquerda, um *damaru* (tambor). Ele não é mostrado concedendo destemor ou bênçãos como outras divindades, mas meditar nele afasta o medo e diminui a raiva. Ele está adornado com cobras e muitas vezes com um *rudraksha mala* (*rudraksha* – fruta, *mala*, rosário). Deve-se meditar em Rudra visualizando-o dentro da sílaba seminal *RAM*.

Shakti: Lakini Devi, outra forma da Kundalini Shakti, é a porteira do chakra Manipura. Ela também é conhecida como Bhadra Kali, a forma compassiva de Kali. Ela tem três faces, indicando que o alcance da visão no terceiro chakra abrange três planos, o físico, o astral e o celestial. Suas três cabeças também representam a mente (*manas*), o intelecto (*buddhi*) e o factor do eu (*ahamkara*). A sua cor é vermelho-alaranjada, vermelho-rosada, ou rosa, segundo o *Kankalamalini Tantra*, embora no *Shat Chakra Nirupana* se atribui a ela um aspecto escuro, dentes grandes e uma aparência apavorante. Segundo o *Kankalamalini Tantra*, ela é bela como a Lua, adornada com ornamentos, com olhos luminosos e brilhantes que estão pintados com colírio (*kajal*). A cor do seu sari é descrita como azul-claro radiante, embora o autor dos comentários sobre o *Shat Chakra Nirupana* afirme que é amarela.

Lakini tem quatro braços. Em sua mão direita superior ela segura o fogo da purificação em um pote de fogo (*havana kunda*). Isso indica a energia do fogo bem como o calor físico que emana de dentro do corpo (*vaishvanara agni* – temperatura corporal). A sua mão direita inferior forma o gesto da doação de destemor e bênçãos, *abhaya mudra*. Em sua mão esquerda superior ela segura um raio (*vajra*) do qual a energia está sempre emanando. Na sua mão esquerda inferior ela segura uma flecha, que simboliza o ímpeto do movimento ascendente da energia. Uma flecha tem um objetivo, um alvo para o qual será atirada. A flecha do segundo chakra é atirada do arco de Kama, o senhor da sexualidade e da sensualidade. A flecha no terceiro chakra é atirada pelos desejos de realização, liberdade, independência e autoridade.

Técnicas e Efeitos da Meditação: A meditação no chakra Manipura começa com a concentração nas dez pétalas, entoando-se cada um de seus mantras, de *DAM* a *PHAM*, enquanto as pétalas são visualizadas. A seguir, vem a concentração no triângulo vermelho invertido do elemento fogo, junto com a repetição da sílaba seminal do elemento, *RAM*. Tanto a forma (*rupa*) como a ígnea Sushumna estão envolvidas nesta meditação. Isso é seguido pela concentração no carneiro (*mesha*) enquanto portador da sílaba seminal. Depois do carneiro, deve-se concentrar em Lakini Devi, como a porteira do chakra Manipura, que brilha como uma pedra preciosa. Ela conduz o aspirante a meditar em Braddha Rudra em sua forma calma e pura, o guru de todo conhecimento espiritual. Braddha Rudra absorve todos os princípios cósmicos pelos quais o aspirante está limitado à condição mundana, que aparece como Brahma Granthi (o nó de Brahma). A prática da concentração na ordem acima permite que o aspirante atinja o sucesso no yoga, pois ela ajuda a ascensão da Kundalini até o quarto chakra, o chakra Anahata.

A causa original da mundanidade, o ego, não é muito ativo nos dois primeiros chakras. O ego se desenvolve no terceiro chakra, com o crescimento do desejo de ser alguém reconhecido pelos outros como especial e o desejo de ser poderoso e competente, um rei de seu próprio domínio. Manipura é "a cidade das joias" e o dono da cidade é o rei que tem uma autoridade indiscutível sobre o corpo. Rudra destrói essa falsa entidade, o ego, destruindo o mundo. O ego não quer morrer, mas o verdadeiro conhecimento mostra que não existe morte. A morte é apenas uma mudança; a mudança é eterna e acontece dentro do corpo o tempo todo.

A *siddhi* yogue de entrar num outro corpo (*para-kaya-pravesha*) é obtida por um yogin que medita no terceiro chakra na presença do elemento fogo. A palavra para a disciplina espiritual intensa, *tapasya*, vem da raiz *tap*, que significa "temperatura" ou "ser aquecido pelo fogo". O fogo é um grande purificador e *tapasya* torna a pessoa pura; o autocentramento é superado e a pessoa atinge o poder de criar e destruir o mundo. O *bija mantra RAM* aumenta o fogo do Yoga (*yoga agni*) e dá ao yogin a habilidade de caminhar no fogo e brincar com o fogo.

A meditação no terceiro chakra traz um fim à indigestão, constipação e todos os problemas da região intestinal. O calor torna o sangue fino, de modo que ele circula melhor. Assim, a meditação no chakra Manipura proporciona uma vida longa e saudável.

A fluidez propiciada pelo segundo chakra aqui assume a forma da praticidade. O terceiro chakra é governado pelo Sol, que rege o intelecto, como a Lua rege a psique. As fantasias são convertidas em artifícios práticos por meio da ajuda do poder organizacional desse chakra. Por intermédio do desenvolvimento intelectual, a pessoa atinge o controle sobre a fala e pode expressar as ideias de maneira muito eficaz, obtendo o poder de comandar.

Características do Comportamento no Chakra Manipura: Esse chakra abrange os planos do karma, caridade, reconciliação com os próprios erros, boa companhia, má companhia, serviço abnegado, tristeza, *dharma* e o plano celestial. Ele é a sede do elemento fogo, que se manifesta como a expressão zangada, o temperamento impetuoso e uma personalidade enérgica. É também o centro gravitacional do corpo. O comportamento de uma pessoa do terceiro chakra é motivado pelos desejos de identificação, reconhecimento, poder e melhores condições de vida. Essa pessoa dormirá de seis a oito horas por noite, de costas. A lealdade abnegada dos primeiros dois chakras (ao empregador, à família e aos amigos) cessa, e a pessoa agirá apenas para si mesma. A insatisfação acende o fogo e a energia é consumida na busca egoísta por nome e fama. A ambição e o orgulho nas realizações ocupam uma grande parte da consciência das pessoas do terceiro chakra. A reputação, a autoridade e o status são seus principais interesses. As pessoas do segundo chakra são intoxicadas pela juventude, as pessoas do terceiro chakra pelo desejo de poder. Quando o envelhecimento traz a compreensão de que o corpo não durará para sempre, elas se afiliam a organizações ou criam instituições para perpetuar os seus nomes.

Como o chakra Manipura é regido pelo Sol, o poder intelectual desempenha um papel importante no comportamento das pessoas do terceiro chakra. Assim como o carneiro, elas caminham com um ar orgulhoso, como se estivessem bêbadas de vaidade e se movem em direção ao alvo desejado, sem pensar sobre as consequências. Elas têm grandes habilidades organizacionais e, com a ajuda do intelecto e do poder da expressão, são capazes de conseguir a ajuda de um grupo de pessoas. Elas mantêm o controle sobre os outros por meio da raiva e se comportam como pessoas de idade desinteressadas.

As pessoas jovens, entre as idades de 14 e 21 anos, em geral são governadas pelo terceiro chakra. Elas estão muito interessadas em seguir a moda e ficar em sintonia com a época, com a última novidade. Elas exigem respeito dos outros e são arrogantes por dentro e humildes por fora, para ganhar favores e atenção.

O ego é o principal problema desse chakra. Embora ele exista em todos os chakras, o seu curso muda de direção. No primeiro chakra, ele é guiado pelo empregador, ao passo que no segundo chakra, é controlado pelo sexo oposto. No terceiro chakra, ele se torna autocentrado e luta por poder pessoal, identificação e reconhecimento, mesmo em detrimento da família e dos amigos. No primeiro chakra, o ego sente-se orgulhoso do poder muscular; no segundo chakra, o ego se sente orgulhoso da beleza física, da juventude e do magnetismo pessoal; no terceiro chakra, o ego sente orgulho com a habilidade de controlar.

O equilíbrio no chakra Manipura pode ser conseguido pelo serviço abnegado, ou seja, servir sem o desejo de recompensa. Toda pessoa deve estar consciente de suas ações para obter equilíbrio na vida. A caridade irá purificar o caminho pessoal de ação ou karma. O *Dharma* é a lei eterna da natureza (interior e exterior), que interconecta toda a existência dos fenômenos. Quando seguimos o caminho yogue (Ashtanga Yoga), podemos permanecer fiéis ao nosso *dharma*, ajudando a tornar mais estáveis e claras as relações com os outros. Depois que esse equilíbrio é atingido, a pessoa pode entrar no plano celestial, o plano da iluminação.

Chakra Anahata

अनाहत् चक्र

Som Seminal da Pétala

कं खं गं घं ङं चं छं जं झं ञं टं ठं

CHAKRA ANAHATA
(QUARTO CHAKRA)

Nomes:	Anahata, Hritpankaja (no *Shat Chakra Nirupana*), Dvadashadala (no *Rudrayamala Tantra*)
Significado dos nomes:	Não afetado, Lótus do Coração (*hrit* – coração, *Pankaja* – lótus), de doze pétalas (*dvadasha* – doze, *dala* – pétalas)
Localização:	A região cardíaca da coluna vertebral, o plexo cardíaco
Elemento (*Tattva*):	Ar
Cor do elemento:	Incolor, cinza ou verde-fumê
Forma (*Yantra*) do elemento:	Hexagrama ou estrela de seis pontas
Sílaba seminal (*Bija Mantra*) do elemento:	YAM
Cor da sílaba seminal:	Dourado
Portador (*Vahana*) da sílaba seminal:	Antílope negro ou almiscareiro
Número de Pétalas:	Doze
Cor das pétalas:	Vermelho profundo, cinabre
Sons seminais das pétalas:	KAM, KHAM, GAM, GHAM, NAM *(sons velares)*, CAM, CHAM, JAM, JHAM, ÑAM, *(sons palatais)*, TAM, THAM *(sons retroflexos)*
Aspecto:	Equilíbrio
Sentido predominante:	Tato
Órgão dos sentidos:	Pele
Órgão da ação:	Mãos

Ar (*Vayu, Prana*):	*Prana*, o ar que respiramos, rico em íons negativos revigorantes, habitando a região do peito
Plano (*Loka*):	Plano da harmonia (*Mahar Loka*)
Planeta regente:	Vênus (lunar, feminino)

Forma Yantra: O hexagrama, ou estrela de seis pontas, simboliza o elemento ar, que se move nas quatro direções, bem como para cima e para baixo. O ar é a força vital (*prana*). Ele ajuda as funções dos pulmões e do coração, fazendo circular oxigênio fresco e energia vital. A estrela é composta por dois triângulos que se cruzam e se sobrepõem. Um aponta para cima e simboliza Shiva, o princípio masculino. O outro triângulo aponta para baixo e simboliza Shakti, o princípio feminino. A estrela representa o equilíbrio que é atingido quando esses dois princípios se unem em harmonia. A estrela também simboliza o equilíbrio da energia no chakra do coração, entre os três chakras acima e os três chakras abaixo dele. Motivada pelo amor, pelo desejo de partilhar e pela simpatia, a energia pode se mover para baixo ou para cima.

O Círculo com Doze Pétalas: A estrela do chakra Anahata é circundada por um círculo. Doze pétalas de lótus de um vermelho profundo (cinabre) se dobram para fora a partir do círculo, representando o movimento da energia em doze direções. A energia flui em direção às pétalas e a partir delas, com a inalação e a exalação, ativando as doze modificações mentais (*vrittis*): (1) esperança, (2) ansiedade, (3) empenho, (4) possessividade, (5) arrogância, (6) incompetência, (7) discriminação, (8) egoísmo, (9) lascívia, (10) fraudulência, (11) indecisão e (12) arrependimento (conforme expresso no *Mahanirvana Tantra*). Os doze *bija mantras*, que são divindades em forma de som, também estão localizados nessas pétalas.

O Círculo com Oito Pétalas: No interior do *yantra* existe um lótus adicional de oito pétalas, que é de um vermelho luminoso, como o ouro fundido. Ele está situado à direita do coração físico. Sua haste está conectada com a deusa Chitrini. Em seu centro é mostrado um coração, que representa o coração espiritual ou etérico, conhecido como *Ananda Kanda* (Espaço de Felicidade) ou *Hrit Pundarika* (Lótus do Coração). Imaculado e intocado pelas impurezas físicas, ele é a localização do Si Mesmo na consciência desperta e no estado de sonho. A meditação nesse coração é prescrita em muitas tradições espirituais, por ser, supostamente, o templo de Deus. Ele só pode ser atingido quando a Sushumna começa a funcionar.

No estado desperto, o coração físico funciona, mas o coração espiritual permanece dormente. No estado de sonho, a energia do coração espiritual flui em direção às oito pétalas do lótus, gerando desejos e estados emocionais que são experimentados no estado desperto. Os desejos e emoções em estado desperto mudam à medida que a energia flui na direção de diferentes pétalas, ativando as modificações mentais (*vrittis*) conectadas com elas (ver o lótus do diagrama do coração).

Diz-se que existem oito divindades, incluindo Indra, nas pétalas desse lótus. Dentro do pericarpo está o Sol (nadi Vajrini); dentro do Sol está a Lua (nadi Chitrini); dentro da Lua está o fogo (nadi Sushumna). Dentro do fogo está a radiância (nadi Brahma), onde um trono, orna-

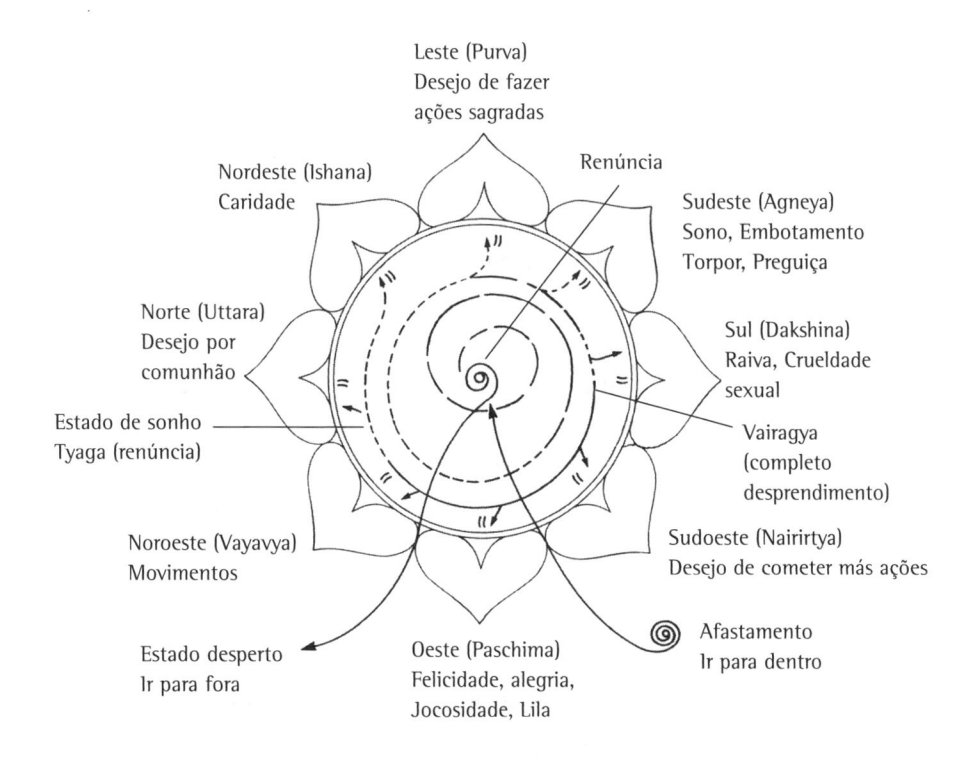

Lótus do coração

mentado com joias, está localizado na base da árvore de realização dos desejos (*kalpa taru*). Nesse trono luminoso e radiante está o deus Narayana em forma humana.

Shiva em Bana Linga: O Bana Linga irradia uma luz dourada e é formado por uma massa de tecidos no centro nervoso no chakra Anahata. Rudra Shiva aparece nele como Sada Shiva (*sada* – eterno, *shiva* – benfeitor). Ele é Shabda Brahman, ou o eterno Logos. Nessa condição, ele é *Omkara*, a combinação dos três *gunas* (qualidades) representados pelos sons *A, U* e *M*, que se combinam para formar a sílaba sagrada *AUM* ou *OM*. Ele está com um tridente, também simbólico dos três *gunas*: *sattva* (equanimidade, leveza), *rajas* (mobilidade, paixão) e *tamas* (inércia, escuridão). A pele dele é azul-cânfora e ele é muitas vezes mostrado usando uma pele de tigre dourada. O tambor (*damaru*) que ele segura em sua outra mão mantém o ritmo da batida do coração.

Esse *shivalinga*, conhecido como Bana (flecha) Linga, é o segundo *linga* nos chakras. No primeiro chakra, o Svayambhu Linga, tendo a serpente Kundalini enrolada em torno de si, simbolizava as energias masculina e feminina, ao passo que o *linga* nesse chakra é sinônimo de consciência. A força do Linga do Coração age como um guru, prevenindo ou inspirando a cada passo, para guiar a pessoa pelo caminho do movimento ascendente da energia. Para dar atenção a essa orientação, devemos manter vigilância sobre as batidas do coração, pois um aumento ou diminuição no batimento cardíaco serve como um aviso de que há um erro em nossa prática.

Elemento (*Tattva*): O ar não tem cor nem forma, é sem cheiro e gosto. O *yantra* para o ar é também descrito como cinza ou verde-fumê. Essa informação é, em parte, baseada no conhecimento das escrituras e, em parte, na informação obtida pelo aspirante durante o período de respiração nasal, quando este elemento domina. Isso ocorre logo depois que a respiração muda de uma narina para a outra e tem a duração de oito minutos. A meditação no quarto chakra dá melhores resultados se for feita quando o elemento ar domina e quando a respiração flui pela narina esquerda, estimulando a nadi Ida.

Sílaba Seminal (*Bija Mantra*): YAM. A sílaba seminal do elemento ar é produzida com a língua imóvel no ar, dentro da boca, depois de tocar o palato. Quando esse som é produzido de modo adequado, o coração espiritual vibra e quaisquer bloqueios na região cardíaca são abertos. O verdadeiro conhecimento se manifesta na consciência e o segundo nó, o Vishnu Granthi, é desfeito, permitindo que a energia comece a fluir para cima, desobstruída no caminho Sushumna. Este *bija mantra* propicia o controle sobre o ar, o *prana* e a respiração. Ele ajuda na suspensão automática da respiração por períodos maiores de tempo (*kevala kumbhaka*). YAM é uma cor dourada radiante e é forma sonora da divindade Vayu, o senhor do ar, que tem quatro braços.

Portador (*Vahana*) da Sílaba Seminal: Antílope negro ou almiscareiro. O almiscareiro ou o antílope negro é o símbolo do próprio coração. O antílope é inquieto, salta com alegria e é atraído por miragens ou reflexos. Uma qualidade especial do almiscareiro é que ele fica encantado pelo aroma do almíscar. Sem perceber que este vem do seu próprio umbigo, o almiscareiro corre por toda parte em busca desse aroma, até ficar exausto. De maneira semelhante, a verdade suprema, a consciência cósmica, está em nós; não obstante, corremos atrás dela em todas as direções.

Gracioso e meigo, o almiscareiro representa a natureza de uma pessoa do quarto chakra. Os olhos do almiscareiro são símbolo de pureza e inocência. Os olhos de uma pessoa do quarto chakra, da mesma maneira, são atraentes, inocentes e puros. Diz-se que o almiscareiro morre pelo mero som. No passado, os caçadores usavam uma flauta para tocar *Todi Raga* para apanhar o almiscareiro numa armadilha. O amor pelos sons interiores (*anahata nada*) é o amor de uma pessoa do quarto chakra.

Divindade: Ishana Rudra Shiva. Senhor do Nordeste, Ishana Shiva é completamente afastado do mundo. Ele é sempre juvenil; o aspecto irado e envelhecido do Rudra no terceiro chakra desapareceu. Ishana é pacífico e benevolente, representando a natureza da pessoa do quarto chakra, que é de perpétua felicidade. O Ganga (Ganges) sagrado que flui a partir dos tufos do seu cabelo é uma corrente refrescante e purificadora de autoconhecimento, o conhecimento que "Eu sou Isso" (*Aham Brahma Asmi,* "Eu sou Brahman"). Ele é azul-cânfora e veste uma pele de tigre, símbolo do tigre da mente que habita a floresta dos desejos. Ele segura um tridente em sua mão direita e um tambor na esquerda. As cobras enroladas em seu corpo são as paixões, que ele domou.

Ishana Rudra Shiva simboliza que a pessoa do quarto chakra não tem mais nenhum apego a prazeres, honras ou humilhações do mundo. Os desejos cessaram de causar problemas, pois a energia do quarto chakra é equilibrada em todas as seis direções. A pessoa cuja consciência é do quarto chakra vive em harmonia com os mundos interior e exterior.

Shakti: Kakini. Porteira do Chakra Anahata, Kakini é de cor rosa, embora o *Mahanirvana Tantra* descreva-a como amarelo dourado ou amarelo Nápoles, e o *Kankalamalini Tantra* a descreva na cor branca. Durante diferentes estados, a sua cor pode mudar, mas meditar nela na cor rosa traz uma concentração mais profunda. Ela possui lindos olhos brilhantes e está vestida com um sari azul-claro. Luminosa e adornada com ornamentos dourados, ela simboliza a energia do quarto chakra, que é autogeradora e autoemanante.

Kakini Shakti imprega todas as coisas no quarto chakra. Como o ar, ela penetra em todos os lugares e proporciona energia para o corpo todo através das frequências emocionais da devoção (*bhakti*). Neste chakra, a *bhakti* é personificada como a Kundalini Shakti, que ajuda a Kakini Shakti a dirigir o movimento ascendente da energia.

Em suas quatro mãos, Kakini Shakti segura os implementos necessários para atingir o equilíbrio:

- A espada, que proporciona os meios de cortar os obstáculos que bloqueiam o fluxo ascendente da energia.
- O escudo, que protege o aspirante das condições mundanas exteriores.
- O crânio, que indica o afastamento de uma falsa identificação com o corpo.
- O tridente, que simboliza o equilíbrio das três forças de preservação, criação e destruição.

A Kakini Shakti tem quatro faces, cada uma delas linda como a Lua. Medita-se nela como uma deusa com "face de Lua" (*chandramukhi*), de quatro cabeças. A energia flui igualmente por meio de suas quatro cabeças para os quatro aspectos do eu individual: o eu físico, o eu racional, o eu sensual e o eu emocional. Kakini é também considerada como o poder de Bhuvanesvari, a mãe divina, uma das importantes deusas das dez *Mahavidyas*.[1]

Kakini Shakti é auspiciosa, alegre e a benfeitora de todos. Ela é graciosa, confere *siddhis* (poderes) e está plenamente absorvida na concentração. Ela é a deusa responsável pela criação da poesia devocional, da música devocional e da arte visionária. A arte, a poesia e a música mundanas, inspiradas pela Shakti do segundo chakra, são incapazes de elevar a mente humana aos domínios mais elevados da consciência; em vez disso servem apenas para entreter, distrair e estimular a mente. Em contrapartida, a criatividade inspirada pela Kakini Devi está sincronizada com o ritmo do coração e, portanto, com o ritmo do cosmos. Ela é universal e transcende as limitações do passado, do presente e do futuro, dando forma ao sem-forma, nome ao sem-nome e audibilidade ao inaudível. A arte, a poesia e a música criadas sob a influência de Kakini trazem calma à mente e paz ao ego e ao intelecto. Às vezes, essa criatividade pode ser tão absorvente que o senso do factor do eu se dissolve.

Kundalini Shakti. A Kundalini Shakti aparece como uma linda deusa pela primeira vez no chakra Anahata. Ela senta-se em uma postura de lótus (*padmasana*) dentro de um triângulo. O triângulo aponta para cima, mostrando a tendência da Kundalini Shakti de se mover num sentido ascendente e levar o aspirante para planos mais elevados de existência. Ela é luminosa como dez milhões de sóis e fria como dez milhões de luas. Vestida de sari branco, a Kundalini Shakti é serena e centrada. Ela é Adya (a primogênita), Bala Shodashi (a virgem de 16 anos), Tripura Sundari (a mais bela nos três mundos) e Mahavidya ou Shri Vidya (conhecimento espiritual). Ela é a personificação da devoção (*bhakti*) espiritual abnegada, absorvida na meditação em seu Senhor e a caminho de unir-se com ele. Ela não mais representa uma força serpentina destrutiva, como era no primeiro chakra. Em vez de estar enrolada em torno do *linga*, ela senta-se de modo independente em uma postura yogue. Ela aparece como uma jovem, luminosa, divina e encantadora. O aspirante pode agora se comunicar com ela, obter a sua proteção e ficar absorvido em sua energia ascendente, cruzando assim o Vishnu Granthi (o nó emocional que

---

[1] Para mais informações sobre as *Mahavidyas*, ver o meu livro *Tools for Tantra* (Rochester, Vt.: Destiny Books, 1986).

prende alguém a uma certa ordem espiritual). Quando a mente sensorial e intelectual estiver completamente absorvida nela, o amor divino permeará o corpo do *sadhaka*.

Sentada na postura de lótus, a Kundalini Shakti encarna o *anahata nada*, o som cósmico presente em toda parte e conhecido como "ruído branco". Esse som começa no Chakra do Coração como *AUM*, a semente de todos os sons (*shabda brahman*). Esse som, chamado *pranava*, é energia *prana* concentrada, uma complexa organização de poderes em forma latente. Quando o som potencial (*shabda tanmatra*) começa a operar, ele se manifesta como *matrikas* (unidades de som, letras do alfabeto). Está expresso no *Gayatri Tantra* que a Kundalini está em forma de cinquenta *matrikas*; ela é Matrika Shakti, o poder da fala ou som. Ela tem duas formas. Uma é sutil, além do som. Na outra, chamada de Mantramayi, ela encarna *anahata nada*, todas as *matrikas* e todos os mantras. As unidades de som surgem a partir dela e estão embutidas nela e finalmente se dissolvem nela. Mesmo após a dissolução das *matrikas*, ela permanece em sua forma sutil, que é da natureza da consciência e é a corporificação do conhecimento espiritual mais elevado.

Técnicas e Efeitos da Meditação: O chakra do coração é honrado como um centro de devoção e transformação em muitas tradições espirituais. Ele brilha como uma joia no centro da coluna vertebral, a guirlanda dos chakras (*chakramala*), com três chakras acima e três chakras abaixo. Ele é mencionado nas escrituras tântricas, purânicas e védicas sob diversos nomes diferentes. Sufis e místicos de outras tradições instruem seus discípulos a visualizar uma luz clara no coração quando começam a prática de despertar a força da Kundalini e entrar em estados mais elevados de consciência. É aqui que o *anahata nada*, ou *shabda Brahman* – o som cósmico não tocado – é produzido. O coração espiritual de uma pessoa é ativado pela meditação em Deus (em qualquer forma que atrair a pessoa) enquanto luz reinante no coração espiritual, no centro do lótus de oito pétalas. Medita-se nessa luz brilhante como sendo o verdadeiro Si Mesmo. A meditação nesse centro, ajudada por *pratyahara* (recolhimento dos sentidos) e *kumbhaka* (suspensão da respiração), desperta sentimentos de renúncia (*samnyasa*), inspirando a pessoa a doar todos os seus pertences (*tyaga*) e abrir mão de apegos (*vairagya*). Ela leva ao estado não dual da consciência (*turiya*). Ela comunica o conhecimento espiritual e os oito superpoderes (*siddhis*) ao aspirante:

- *Anima*, atomicidade, o poder de se tornar muito pequeno, quase invisível.
- *Laghima*, o poder de se tornar muito leve ou sem peso, o poder da levitação.
- *Mahima*, o poder de se tornar grande ou poderoso.
- *Prapti*, o poder de realizar desejos, realização.
- *Prakamya*, o poder de assumir qualquer forma desejada.
- *Vashitva*, o poder de atrair e escravizar outros pelo encantamento.
- *Isthapitva* ou *aishvatva*, o poder de conquistar ou sujeitar.
- *Bhukti*, o poder de desfrutar todos os tipos de prazeres sem condescendência.

A Kundalini é despertada por meio da devoção abnegada e da energia dual do som (*matrikas*) e da força vital (*prana*) em *pranava*. Por meio do poder da *bhakti* (amor divino) o devoto atinge um estado no qual existe apenas o amor e aquele que ama, todo o restante desaparece. O plano da santidade dentro desse chakra traz a percepção do divino (o amado) em toda a existência. A Kundalini despertada afasta o *prana* aos poucos e a pessoa gradualmente se torna firme no *asana*. Todo o metabolismo se torna mais lento e ocorre uma prolongada suspensão da respiração. Os sentimentos são todos absorvidos pela Kundalini. As funções sensoriais cessam e a consciência se torna plenamente interiorizada. Um estado de equilíbrio refinado no corpo e na mente é estabelecido. Assim, a concentração profunda começa no chakra Anahata. Entretanto, a Kundalini ainda tem que atravessar o chakra Vishuddha e o chakra Ajna e penetrar o Rudra Granthi (o nó do apego ao factor do eu).

Ao evoluir através do quarto chakra, a pessoa domina a linguagem, a poesia e todas as atividades verbais. Ela obtém pleno controle sobre os seus órgãos de ação e órgãos sensoriais (*indriyas*), a mente, os desejos e as funções fisiológicas. Quando os sentidos estão controlados, a pessoa flui livremente sem o obstáculo de nenhuma barreira exterior. O corpo se torna livre de doenças e atraente a todas as idades e sexos. As energias masculina e feminina se equilibram e a interação dessas duas energias fora do corpo deixa de ser um problema, à medida que todos os relacionamentos se tornam puros. Ao obter sabedoria e força interior, o *sadhaka* se torna mestre (*svami*) de seu próprio eu. Uma pessoa centrada no quarto chakra terá evoluído para além das limitações ambientais e circunstanciais e se tornará independente e autoemanante. O amor e compaixão das pessoas do quarto chakra as tornam uma fonte de inspiração para as outras, que encontram paz e calma em sua presença. As pessoas do quarto chakra veneram com amor e descobrem o amor como o Deus onipresente em todas as coisas. A fé nelas mesmas e no divino torna-as uma fonte de fé para os outros, mesmo os não crentes e ateus. Elas são inofensivas e todos se sentem seguros em sua presença.

Características do Comportamento do Chakra Anahata: O chakra Anahata abrange *sudharma* (religião hábil ou correta), boas tendências e os planos da santidade, equilíbrio e fragrância (os corpos das pessoas do quarto chakra exalam naturalmente um bom odor). Entretanto, o purgatório pode ser vivido no chakra Anahata quando os karmas negativos são representados. A claridade da consciência é a iluminação da pessoa pura, que desenvolveu boas tendências e santificou a sua vida em *Jana Loka,* o plano humano, que surge no quinto chakra.

As pessoas do quarto chakra superaram as preocupações dos chakras inferiores: segurança (primeiro chakra), sensualidade e sexualidade (segundo chakra), nome, fama, autoridade, status social, poder e imortalidade física (terceiro chakra). Elas dominaram os cinco primeiros passos de *Ashtanga Yoga* (*yama, niyama, asana, pranayama* e *pratyahara*), são centradas e podem atingir a concentração (*dharana*) para alcançar a meditação (*dhyana*). Elas irão dormir de quatro a seis horas por noite, em seu lado esquerdo.

Dos 21 aos 28 anos, vibramos no chakra Anahata, tornando-nos conscientes de nosso papel, ações e objetivos de vida. A dedicação, a devoção (*bhakti*), a fé e a autoconfiança são as forças motivadoras enquanto lutamos para adquirir equilíbrio em todos os níveis. O caminho espiritual torna fácil para uma pessoa do quarto chakra compreender a verdade além das palavras. Render-se a um guru ou dedicar a vida a uma causa, tal como a de eliminar o sofrimento ou a ignorância, ajuda a pessoa a se controlar para não ficar correndo atrás de miragens, como um antílope, de modo inquieto, errante e sem propósito.

Uma pessoa espiritualmente inspirada do quarto chakra é um santo, ou uma pessoa santa. (Um santo pertence a uma ordem particular, mas uma pessoa santa não precisa de iniciação para se comportar com amor e compaixão). Uma pessoa assim é livre de raiva, luxúria, ciúme e outras modificações mentais (*vrittis*). Ele ou ela é amigável, amoroso(a), paciente, calmo(a) e exerce uma influência sobre os outros que os ajuda a se libertar de preocupações e ansiedades. O movimento das pessoas do quarto chakra é rítmico e gracioso e o amor pode ser visto fluindo constantemente de seus olhos, contato, gestos e mãos, ou seja, da pessoa inteira. Elas são ao mesmo tempo crianças e sábias, respeitosas e respeitadas por todos.

Se o coração tiver sido aberto, a bondade é possível para uma pessoa sem inclinação espiritual: um bom pai, mãe, irmão, irmã, marido ou esposa. O serviço abnegado cria essas pessoas do quarto chakra que não seguem nenhum caminho espiritual, mas são amigáveis e amorosas com todos. Talvez elas nem mesmo creiam em Deus em um sentido tradicional, mas são espirituais e santas. Elas apreciam as coisas conforme se apresentam, sem pensar em como deveria ser ou como poderia ser; a sua apreciação incondicional de cada momento abre o caminho para o quarto chakra. Se o sentimento de maternidade for despertado em uma pessoa, isso de maneira automática ajuda a abrir o coração ou aumentar o fluxo de energia no quarto chakra, tornando o comportamento dessa pessoa muito calmante para os outros.

Chakra Vishuddha

विशुद्ध चक्र

Som da sílaba seminal

अं आं इं ईं उं ऊं मं मं मृं मृं लृं लृं एं ऐं ओं औं अं अः

CHAKRA VISHUDDHA
(QUINTO CHAKRA)

Nomes:	Vishuddha, Kantha Padma, Shodasha Dala
Significado dos nomes:	Puro, Lótus da Garganta (*kantha* – garganta, *padma* – lótus), de dezesseis pétalas (*shodasha* – dezesseis, *dala* – pétalas)
Localização:	A região do pescoço, garganta; plexo carotídeo, a parte cervical da coluna dorsal que corresponde ao pescoço.
Elemento (*Tattva*):	*Akasha*
Cor do elemento:	Púrpura – fumê
Forma (*Yantra*) do elemento:	Crescente
Sílaba seminal (*Bija Mantra*) do elemento:	HAM
Cor da sílaba seminal:	Dourado
Portador (*Vahana*) da sílaba seminal:	Elefante (*gaja*)
Número de Pétalas:	Dezesseis
Cor das pétalas:	Violeta-acinzentado, púrpura-fumê
Sons seminais das pétalas:	AM, ÄM, IM, ÉM, UM, ÜM, ÅIM, ÅÉM, LRIM, LRÉM, EM, AIM, OM, AUM, AM, AHM
Aspecto:	Conhecimento
Sentido predominante:	Audição
Órgão dos sentidos:	Ouvidos
Órgão da ação:	Boca, cordas vocais

Ar (*Vayu, Prana*):	*UDANA*, o ar que mora na garganta e região da cabeça, que leva o ar para cima através da cabeça, ajudando na produção do som
Plano (*Loka*):	Plano humano (*Jana Loka*) onde a grande escuridão espiritual termina.
Planeta regente:	Júpiter

Forma do Yantra: Crescente, com um círculo branco dentro. O círculo representa o *nabhomandala* (*nabhas* – céu ou vazio, *mandala* – região). É como uma lua cheia brilhando no pericarpo do chakra Vishuddha. O crescente prateado é o símbolo lunar de *nada*, o puro som cósmico. Assim, o vazio (*akasha*) está dentro da pura essência (*tanmatra*) do som (*nada*). O crescente é um símbolo de pureza e *akasha* é o mais puro de todos os elementos. A purificação é um aspecto vital do chakra Vishuddha, assim como o puro conhecimento (*shuddha vidya*), conhecido no Tantra como as dez *Mahavidyas* ou *Shri Vidya*.

A Lua, em qualquer de seus aspectos, envolve energia psíquica, clarividência e comunicação sem palavras. A Lua também representa a presença de um mecanismo refrescante na garganta, por meio do qual todos os líquidos e alimentos são levados a uma temperatura adequada para o corpo.

O Círculo com Dezesseis Pétalas: As dezesseis pétalas de lótus em torno da meia-lua e do círculo são de cor violeta-acinzentado ou púrpura-fumê. Existem dezesseis vogais (*matrikas*) nas pétalas, cada uma das quais se junta com M para formar uma sílaba seminal (ex.: A + M = AM, I + M = IM). M é *nada-bindu*, o som primal cósmico, a partir do qual o universo se manifestou, representado pela meia-lua (*nada*) e um ponto (*bindu*) sobre ela.

Existem dezesseis qualidades específicas (*vrittis*) nas dezesseis pétalas do chakra Vishuddha. A maior parte está relacionada ao som musical, frequências em uma escala harmônica e mantras usados para a invocação de divindades dentro do corpo. Elas estão arranjadas da direita para a esquerda na seguinte ordem: (1) *pranava*, o mantra

AUM, pronunciado como *OM*; (2) *udgitha*, o mantra do *Sama Veda* na forma seminal; a seguir seis mantras: (3) *HAM*, (4) *PHAT*, (5) *VASHAT*, (6) *SVADHA*, (7) *SVAHA*, (8) *NAMAH*, (9) *amrita* (imortalidade); e sete tons musicais: (10) *Nishada*, (11) *Rishabha*, (12) *Gandhara*, (13) *Shadja*, (14) *Madhyam*, (15) *Dhaivata* e (16) *Panchama*. Os tons musicais não estão na mesma ordem que numa escala musical. *HAM*, *PHAT*, *VASHAT* e *SVADHA* são mantras usados em todas as práticas tântricas. *SVAHA* é usado numa cerimônia de fogo (*homa*). *NAMAH* é usado em sinal de respeito. Todos eles pertencem a deidades ou divindades que governam as pétalas e proporcionam energia às qualidades (*vrittis*). O aumento no número de pétalas em torno do *yantra* chega ao fim neste chakra.

Elemento (*Tattva*): *Akasha*. No chakra Vishuddha, o aspirante obtém uma visão do vazio (*akasha*), que é da natureza da antimatéria. *Akasha* é também o sustentador de toda a existência e, assim, é traduzido também como espaço. *Akasha* é gerado pelo princípio (*tanmatra*) do som. Há cinco tipos diferentes de *akasha*:

- *Abhrakasha*, o vazio atmosférico.
- *Jalakasha*, o vazio na água.
- *Ghatakasha*, o vazio em um vaso, ou uma jarra de água, sem conteúdo.
- *Patakasha*, o vazio em relação a uma superfície. Ele está relacionado com o *akasha* criado por *mantra japa* (repetição de mantras), chamado *mastaka patala*, que inclui o vazio criado por frequências inaudíveis de som (*nada*). Está também relacionado ao estado emocional produzido pela experiência de ouvir a música no coração, que continua mesmo depois que as frequências audíveis de som cessam (*hridaya patala*).
- *Mahakasha*, o supremo vazio no qual apenas o nada (*shunya*) existe. Segundo o Buddha, esse vazio (*shunya*) é a realidade última.

A meditação no chakra Vishuddha traz o melhor resultado quando é feita na presença do elemento *akasha*, que domina por quatro minutos quando a respiração flui através de uma das duas narinas, antes de passar de uma narina para outra. Essa meditação abre a passagem Sushumna e ativa a nadi Sushumna. Normalmente a Sushumna é ativada apenas durante as dez respirações por hora, quando ambas as narinas respiram simultaneamente, mas é possível prolongar a sua atividade. A operação da Sushumna detém o fluxo de energia através das nadis Ida e Pingala, liberando assim o aspirante da consciência ligada ao tempo.

No chakra Vishuddha, todos os elementos dos chakras inferiores são refinados até sua essência mais pura e dissolvidos em *akasha*, representado pelo círculo e a meia-lua no topo do templo (*stupa*) dentro do corpo (ver diagrama). A influência dos elementos (*mahabhutas ou tattvas*) cessa após o quinto chakra e o aspirante se torna um *tattvatita*, aquele que foi além do controle dos elementos.

Sílaba Seminal (*Bija Mantra*): HAM. O som *HAM* é produzido fazendo-se com os lábios uma forma oval e empurrando o ar para fora a partir da garganta. A concentração é centrada na curva oca da parte inferior do pescoço. Quando esse som é produzido da maneira adequada, ele faz com que o cérebro vibre e com que o fluido cerebrospinal circule mais livremente na região da garganta, trazendo qualidades doces e melodiosas à voz. A cor do *bija mantra HAM* é dourada, embora também seja descrita como branca radiante, com quatro braços.

Portador (*Vahana*) da Sílaba Seminal: O elefante (*gaja*), o senhor dos animais herbívoros. O mais primitivo dos mamíferos sobreviventes, ele traz consigo o conhecimento passado total da terra, das ervas e das plantas. O elefante é considerado aquele que ensina a paciência, a memória, a autoconfiança e o prazer da sincronicidade com a natureza. Ele tem a cor cinza-fumê, a cor das nuvens, embora seja às vezes mostrado como um elefante da neve, de cor branca. A confiança e consciência do som que vem no chakra Vishuddha são indicadas pelo modo de andar gracioso e pelas grandes orelhas do elefante.

A tromba representa o puro som. Conforme mencionado acima, o acréscimo do som *M* às letras do alfabeto (*matrikas*) as transforma em *bija mantras*. Os sons *M* são nasais, como o som do elefante, *Nishada* ou *Ni* (uma das notas da escala musical), que é produzida pela sua tromba e não por suas cordas vocais. Os sons nasais provocam a ascensão da energia que faz vibrar o córtex cerebral, a camada mais externa onde as impressões são armazenadas, as quais, quando convertidas em linguagem, portam a sabedoria e o conhecimento que trazem libertação do ciclo de nascimento e morte.

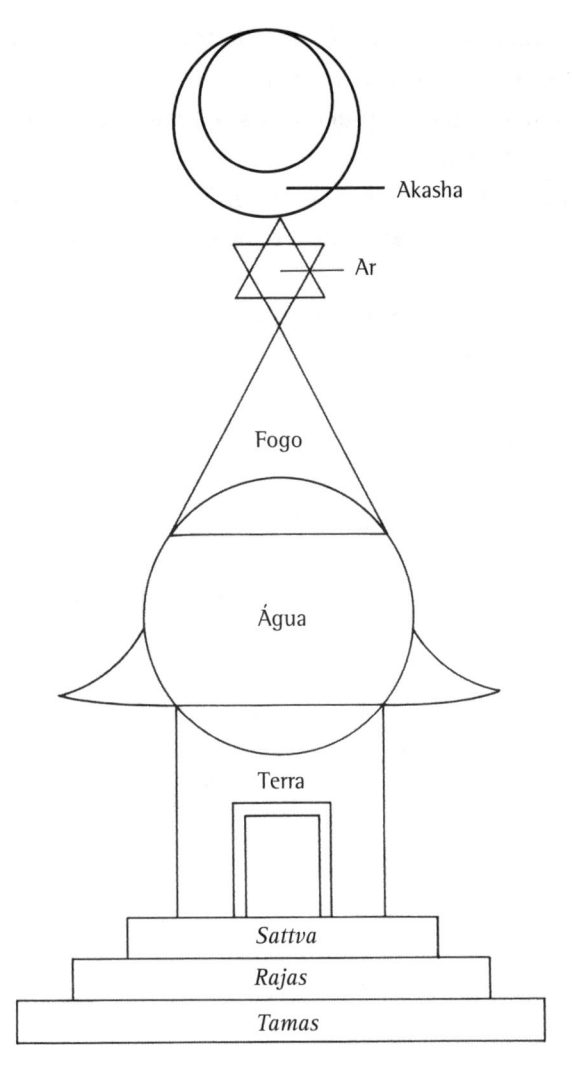

O stupa dentro do corpo

Divindade: Panchavaktra Shiva. Panchavaktra é uma combinação de todas as energias-*shiva*, que agem em diferentes direções e nos diferentes elementos. Suas cinco cabeças representam os cinco *tanmatras* (princípios), bem como os cinco elementos que se desenvolvem deles: a terra, a partir de *gandha* (olfato), a água, de *rasa* (paladar), o fogo, de *rupa* (visão), o ar de *sparsha* (tato) e akasha de *shabda* (som). Aqui elas estão unidas em um corpo. Começando com seu lado direito, as faces de Shiva simbolizam seus aspectos da seguinte maneira:

- Aghora, o senhor do Norte. Ele tem olhos arregalados em sua forma irada e reside no campo crematório. Aghora encontra-se além da discriminação. A sua face é redonda e sua natureza é de *akasha*.
- Ishana, o senhor do Nordeste. Ele aparece nos altares como um *shivalinga*. Sua face é redonda e sua natureza é a da água.
- Tat Purusha, o senhor do Leste. A sua face oval é a central, entre as cinco faces. Sua natureza é do ar. Tat Purusha é Mahadeva. Ele é sempre visto em meditação, onde controlou o *prana* e atingiu *kevala kumbhaka* (suspensão automática da respiração).
- Vama Deva, o Shiva eterno que se expande em todas as direções. Ele tem uma face quadrada e sua natureza é a da terra. Vama Deva é Sada Shiva, representado como o senhor ou doador do Tantra da mão esquerda (*bhoga* em lugar de *yoga*).
- Saddyojata, o senhor do Sul. A sua face é triangular e sua natureza é a do fogo. Saddyojata é Rudra, a divindade irada no terceiro chakra. Ele é mostrado como Braddha Rudra (Antigo Shiva), mas geralmente é retratado como o jovial e impressionante Shiva.

O Panchavaktra é mostrado com quatro braços. Sua mão direita superior tem o gesto de *abhaya mudra*, que concede o destemor. Na sua mão direita inferior, que repousa no joelho, ele segura um *mala* (rosário) para *japa* (repetição de mantras). A sua mão esquerda inferior segura um *damaru*, cuja constante batida monótona produz os catorze sons conhecidos como *Maheshvara Sutras*, a partir dos quais todas as vogais e consoantes da língua sânscrita se desenvolvem. O contínuo som do tambor também cria o som *AUM* em seus harmônicos. A sua mão esquerda superior segura um tridente, o bastão de Shiva, que simboliza os três *gunas* (*sattva, rajas* e *tamas*) e as três nadis (Ida, Pingala e Sushumna).

Panchavaktra pode ser visualizado no quinto chakra como o Grande Professor ou Mestre Guru. Nele, todos os elementos se dissolveram em um só. Assim, a pessoa do quinto chakra compreende as limitações de cada elemento e o plano humano em sua totalidade. A consciência do conhecimento eterno é obtida quando todos os desejos se movem para cima no sexto chakra. O centramento obtido pelo equilíbrio de todos os elementos corporais traz um estado de uma bem-aventurada não dualidade. Por meio da meditação em Panchavaktra, a pessoa é elevada e purificada de todos os karmas; ela morre para o passado e nasce novamente na realização da unidade.

Shakti: Shakini. A porteira do chakra Vishuddha, Shakini é uma corporificação da pureza. Ela é esplendorosa, encantadora e doadora de paz. As suas cinco cabeças indicam os cinco sentidos conectados com os cinco chakras inferiores e seus respectivos elementos. A sua pele é rosa-pálido e ela veste um sari azul-claro com um corpete verde. Entretanto, algumas fontes a descrevem na cor branca, com trajes amarelos, ao passo que outras a descrevem na cor vermelha, com trajes pretos. Nós meditamos nela em rosa-pálido, com trajes azul-claro, sentada na postura de lótus (*padmasana*) num lótus cor-de-rosa.

Shakini Shakti é a doadora do conhecimento mais elevado e das *siddhis* (poderes). Memória, sagacidade, intuição e improvisação são todas relacionadas com Shakini Shakti. O quinto chakra é o centro dos sonhos no corpo e a maioria dos ensinamentos de Shakini Shakti é revelada aos seus aspirantes por meio dos sonhos. Seus quatro braços seguram os seguintes objetos:

- Um crânio, que é um símbolo do afastamento do mundo ilusório das percepções sensoriais.
- Um *ankusha*, vara utilizada para controlar o elefante do intelecto, que pode ter uma independência excessiva, vivendo em sua própria intoxicação de conhecimento.
- As escrituras, que representam o conhecimento da arte de viver corretamente sem complicações.
- Um rosário (*mala*), que age como um poderoso artifício de centramento quando usado como acompanhamento à repetição dos mantras. As contas do rosário são tocadas pelos dedos, uma a uma. Quando as contas são feitas de madeira ou sementes, elas absorvem e retém a própria energia da pessoa. Quando as sementes são cortadas de cristais, gemas ou outros materiais preciosos, elas são altamente carregadas com a própria energia eletromagnética destes. As pontas dos

dedos estão diretamente relacionadas à consciência, de maneira que envolver as pontas dos dedos é envolver a consciência. Assim, trabalhar com o *mala* remove o nervosismo e as distrações, pacificando o diálogo interior.

Técnicas e Efeitos da Meditação: A meditação no chakra Vishuddha é centrada no espaço oco na região da garganta que representa o elemento *akasha*. Depois de a energia ter parado de fluir nas nadis Ida e Pingala, o *akasha* é experimentado como o vazio (*shunya*) durante a operação da Sushumna. Entretanto, esta meditação é ainda afetada pelos três *gunas*: *sattva* (equanimidade, leveza), *rajas* (mobilidade, paixão) e *tamas* (inércia, escuridão). A sua influência não cessa completamente até que o aspirante atravesse o chakra Ajna, onde *akasha* também é absorvido pela Kundalini Shakti.

As palavras faladas vêm do quinto chakra, dando expressão às emoções dentro do coração. A voz de uma pessoa do quinto chakra penetra no coração do ouvinte. Esse som puro afeta o ouvinte, mudando o espaço (*akasha*) da sua mente e do seu ser. Preces e canções devocionais (*bhajans*) surgem do coração (chakra Anahata) e são expressas pelas cordas vocais na garganta, ao passo que os mantras surgem do próprio chakra Vishuddha e são expressos pela garganta. Assim, as canções criam um estado espiritual que se parece ao transe, mas os mantras revelam as energias divinas e dão forma ao que é sem forma.

A meditação no chakra Vishuddha propicia calma, serenidade, pureza, uma voz melodiosa, o domínio da palavra e mantras, a habilidade de compor poesia. Ela torna a pessoa jovial, radiante (plena de *ojas*) e capaz de compreender as mensagens ocultas nos sonhos. Ela confere o poder de interpretar escrituras e de ser um bom professor de ciências espirituais (*Brahma Vidya, Shuddha Vidya, Shri Vidya*). A meditação em *akasha* também confere a habilidade de viajar através do espaço e outras *siddhis*.

Características do Comportamento no Chakra Vishuddha: O chakra Vishuddha é o chakra do renascimento espiritual. Ele abrange os cinco planos: físico, astral, celestial, harmônico e humano. Ele também inclui *jnana*, a atenção plena que confere a bem-aventurança; *prana*, a força vital através do corpo que traz o equilíbrio de todos os elementos; *apana*, o ar que limpa o corpo e é carregado com íons negativos; *vyana*, o ar que regula o fluxo sanguíneo. O plano humano (*jana loka*) torna-se vital, enriquecido com mantras, sons musicais e as dezesseis qualidades (*vrittis*) harmoniosas.

O comportamento é bem definido nos chakras inferiores, mas não há nenhuma característica mundana distinta no quinto chakra, na medida em que ele é atingido apenas por mestres espirituais. Vishnu Granthi, que geralmente detém o fluxo de energia acima do quarto chakra, pode ser desatado apenas pelo verdadeiro conhecimento espiritual. Os aspirantes que praticam qualquer forma de Kundalini-Yoga atingem esse chakra e seu comportamento é viver de maneira simples e ter pensamentos elevados. Eles passam mais tempo dentro do que fora. Eles dormem de quatro a seis horas por noite, trocando de lado.

As qualidades (*vrittis*) nesse chakra não criam distrações, mas levam o aspirante às ciências dos mantras e das frequências harmônicas de som, que absorvem a mente e permitem que a energia se mova para cima para desatar o último nó, o nó do factor do eu, Rudra Granthi. A pessoa do quinto chakra compreende mensagens não verbais, pois toda a energia foi refinada.

As pessoas entre as idades de 28 e 35 anos são influenciadas pelo chakra Vishuddha. O factor do eu e o crescimento espiritual motivam a pessoa do quinto chakra. O aspirante do quinto chakra procura um conhecimento verdadeiro, além das limitações do tempo, do condicionamento cultural e do código genético. O principal problema encontrado no quinto chakra é a dúvida ou o intelecto negativo. Quando o conhecimento é usado de maneira insensata a dúvida aparece, mas quando o aspirante confia apenas no que ele ou ela pode verificar por meio da meditação e da experiência, as dúvidas são eliminadas e a negatividade se dissolve. A consciência ainda é limitada pelo tempo, mas as disciplinas do Ashtanga-Yoga trazem autodomínio e liberdade dos grilhões da vida mundana.

O chakra Vishuddha é regido pelo planeta Júpiter, que torna as pessoas do quinto chakra interessadas nas escrituras do conhecimento antigo. Júpiter é chamado "guru" em sânscrito, que significa "o dissipador da escuridão". Os escritos das pessoas do quinto chakra são como escrituras, reveladoras e iluminadoras. A sua própria presença elimina a ignorância, abrindo canais de conhecimento dentro de seus ouvintes, possibilitando que eles recebam a iluminação e sejam libertados da escuridão. Pode ser vista uma aura em torno da cabeça de uma pessoa do quinto chakra. Assim como todos os elementos se dissolvem no *akasha* puro e de luz própria, toda a condição mundana se dissolve na presença de uma pessoa assim, porque as distrações criadas pelos sentidos e pela mente deixam de ser um problema.

CHAKRA AJNA
(SEXTO CHAKRA)

Nomes:	Ajna, Bhru Madhya, Dvidala Padma
Significado dos nomes:	Comando, Ponto entre as Sobrancelhas (*bhru* – sobrancelhas, *madhya* – entre, Lótus de duas pétalas (*dvi* – dois, *dala* – pétala, *padma* – lótus)
Localização:	Plexo da medula, plexo pineal, ponto entre as sobrancelhas
Elemento (*Tattva*):	*Mahat* ou *mahatattva* (supremo ou grande elemento), no qual todos os outros elementos estão presentes em sua pura essência
Cor do elemento:	transparente, luminescente, azulado ou branco-cânfora
Forma (*Yantra*) do elemento:	Um círculo com duas pétalas
Sílaba seminal (*Bija Mantra*) do elemento:	AUM
Cor da sílaba seminal:	Dourada
Portador (*Vahana*) da sílaba seminal:	*Nada*, em forma de crescente
Sons seminais das pétalas:	HAM, KSHAM
Aspecto:	Autorrealização
Plano (*Loka*):	Plano da austeridade ou (*Tapo Loka*)
Planeta regente	Saturno

Forma do Yantra: Círculo branco luminescente com duas pétalas. Essas pétalas são o pedúnculo da glândula pineal. A meditação

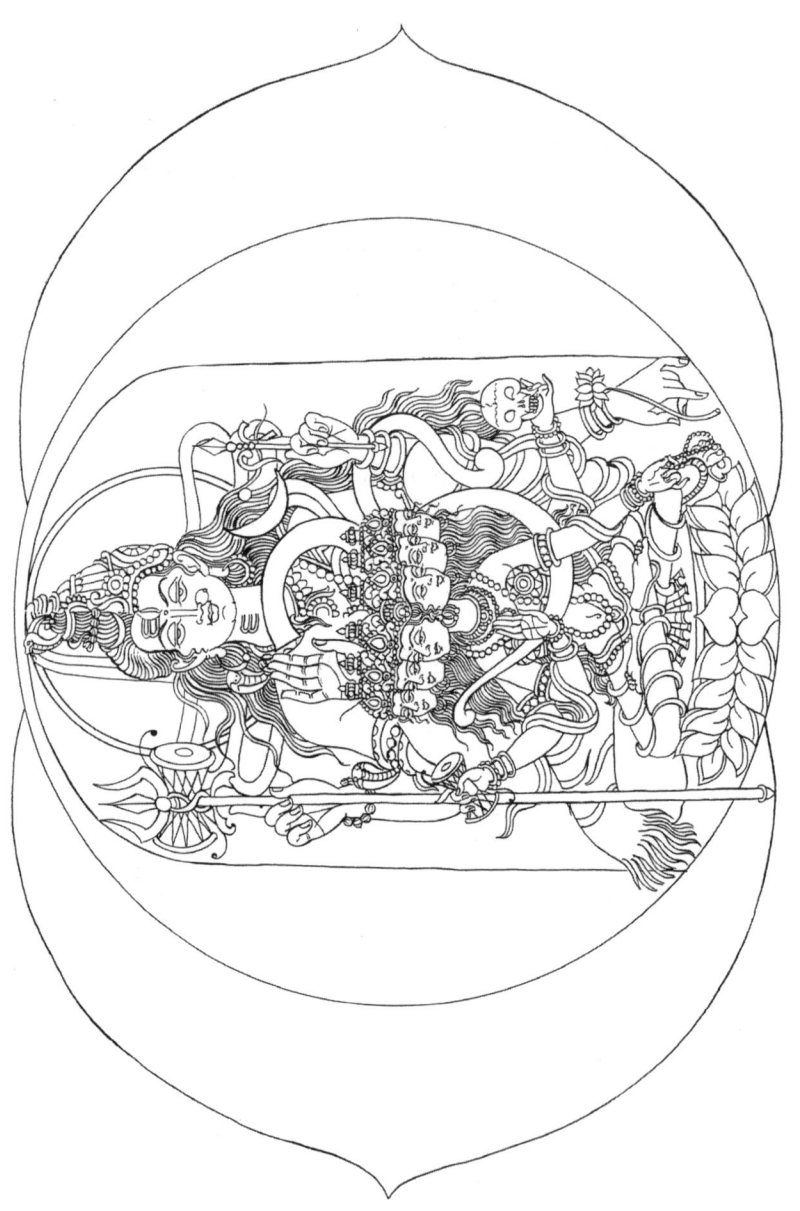

Chakra Ajna
आज्ञा चक्र
Som seminal da Pétala

nos sons seminais das pétalas (*HAM, KSHAM*) ativa as *matrikas* que estão conectadas com as três nadis de Vama, Jyeshtha e Raudri.

Linga: Um *linga* conhecido como Itara Linga aparece no centro do círculo. Ele tem o som seminal *AUM* e é branco luminescente com um pequeno toque de azul-celeste. Ele é o terceiro *linga* dos chakras e representa Itara Shiva, que tem o poder de pleno controle sobre os desejos, por controlar a mente sutil (*sukshma manas*). A mente sutil está além da operação dos sentidos, que estão situados nos cinco chakras inferiores.

Sílaba Seminal (*Bija Mantra*) do Elemento: *AUM*. O *pranava*, *AUM*, é a fonte de todos os sons e está conectado com o *anahata nada*, o som cósmico primordial. Ele cria dessa maneira a unidade e a consciência não dual. Ele é uma combinação do Sol (*A*), da Lua (*U*) e do fogo (*M*).

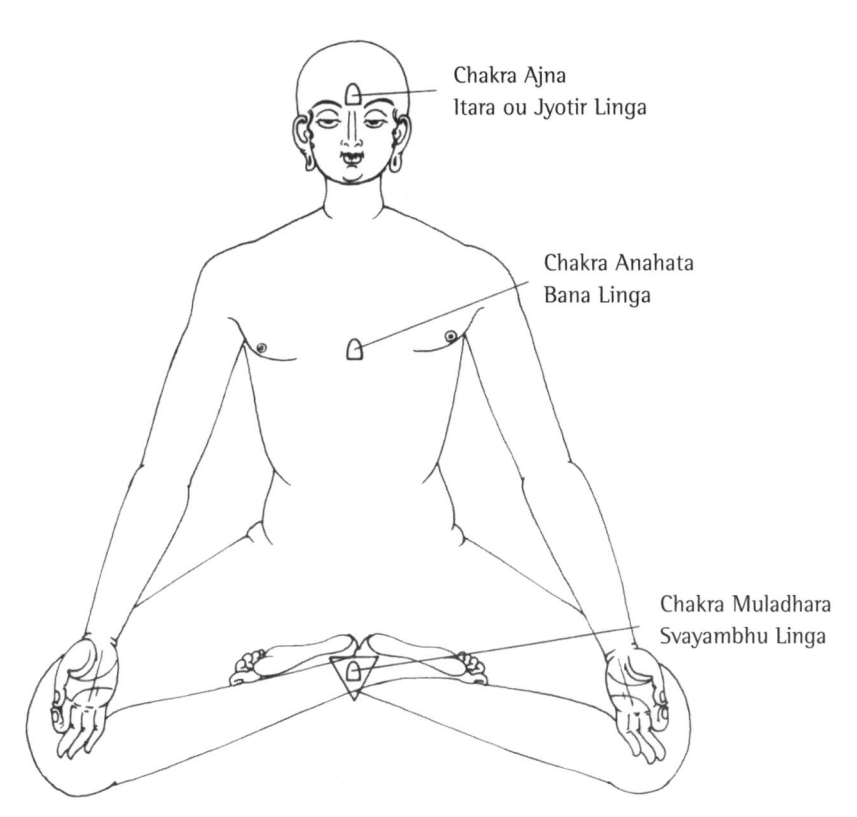

Chakra Ajna
Itara ou Jyotir Linga

Chakra Anahata
Bana Linga

Chakra Muladhara
Svayambhu Linga

Lingas nos Chakras

Portador (*Vahana*) da Sílaba Seminal: *AUM* é levado por *nada*, que é representado por uma lua crescente. Ele é também conhecido como *ardhamatra* (*ardha* – meio, *matra* – alfabeto).

Elemento: *Mahat* ou *Mahatattva*. Segundo a filosofia Samkhya, *mahatattva* consiste nos três *gunas* e inclui a mente (*manas*), o intelecto (*buddhi*), o factor do eu (*ahamkara*), o ser (*chitta*) e os cinco princípios básicos (*tanmatras*). Os elementos densos (*mahabhutas*) – terra, ar, fogo, água e *akasha* – se desenvolvem a partir de *mahatattva*. Segundo o Tantra, *mahatattva* é *buddhi tattva*, a causa de *manas, buddhi, ahamkara* e *chitta*.

Divindade: Ardhanarishvara (*ardha* – metade, *nari* – fêmea, *Ishvara* – Shiva) está em pé ou sentada graciosamente dentro do *linga*. Shiva-Shakti, metade masculino e metade feminino, simboliza a polaridade básica: o lado direito é masculino, solar e o lado esquerdo é feminino e lunar. Ardhanarishvara é azul-cânfora do lado de Shiva e rosa-pálido do lado de Shakti.

As duas mãos direitas pertencem a Shiva. Em uma delas ele segura um tridente, que representa os três aspectos da consciência: cognição, conação e volição. Com a sua outra mão ele concede o destemor. As mãos esquerdas pertencem a Shakti. Em uma ela segura um lótus, um símbolo de beleza, pureza e conhecimento (que conserva a pessoa não afetada pelo seu ambiente). Na outra mão ela segura uma vara usada para controlar um elefante (*ankusha*). Shiva veste uma pele de tigre, que simboliza o controle sobre a natureza animal da mente e está adornado com cobras, que simbolizam o controle do veneno das paixões. Shakti veste um sari e uma blusa vermelhos e está adornada com ornamentos dourados.

Ardhanarishvara simboliza que toda dualidade deixou de existir. Existe apenas uma entidade, autoemanante e ilustre, que tem completo domínio sobre todos os aspectos do Si Mesmo nesse plano de libertação (*moksha*). O terceiro olho de Shiva é chamado de *sva netra* (*sva* – próprio, *netra* – olho). É o olho do factor do eu, o órgão da clarividência, o olho que vê todas as três divisões do tempo: passado, presente e futuro (*trikala darshi*). Os dois olhos estão relacionados com Ida e Pingala e o terceiro olho está na Sushumna, na nadi Chitrini. Quando os dois olhos externos fecham, o terceiro olho interior abre e consome a força dos desejos (*kama*) em seu fogo.

Shakti: Hakini. A deusa Hakini é a porteira do sexto chakra. Ao se concentrar nela, o *sadhaka* obtém todos os poderes e qualidades necessárias para ser capaz de trabalhar no chakra Ajna. A cor rosa-pálido do corpo dela indica a Kundalini plenamente desperta, absorvendo todas as energias e se movendo em sentido ascendente. Assim como as Shaktis nos cinco chakras inferiores, Hakini é um aspecto da Kundalini Shakti. Kundalini ganhou uma cabeça adicional com cada chakra, portanto aqui ela tem seis cabeças, que expressam: (1) a iluminação, (2) o controle do pensamento, (3) a atenção não dividida, (4) a perfeita concentração, (5) a meditação desobstruída, (6) a concentração superconsciente (*samprajnata samadhi*).

Ela está sentada em um lótus rosa-claro e tem quatro mãos. Em sua mão direita superior está o tambor (*damaru*), que mantém um som constante e leva o aspirante a estados mais elevados da consciência. *Damaru* aqui significa *nada*. A sua mão direita inferior está em *abhaya mudra*, o gesto que transmite destemor. Em sua mão esquerda superior ela segura um crânio, um símbolo de total imparcialidade. A sua mão esquerda inferior segura um rosário (*mala*), para usar com a repetição do mantra, como um artifício de centramento.

Diz-se que o aspirante sentirá a presença de *soma* (néctar) quando ele ou ela meditar em Hakini. *Soma* vem do Kamadhenu, a vaca da realização dos desejos, que está no chakra Soma. Se o yogin praticar a *khechari mudra* (explicado na p. 74 no capítulo 2, "Kundalini e Yoga"), ele ou ela absorverá esse néctar da imortalidade em vez de permitir que ele alcance a garganta, assim ganhando o poder de permanecer jovem.

Técnicas e Efeitos da Meditação: O chakra Ajna é o local da meditação. Muitos hindus usam uma marca de cor vermelho-alaranjada ou açafrão nesse ponto entre as sobrancelhas para ativar seu terceiro olho, que é a consciência. Os dois olhos físicos veem o passado e o presente, ao passo que o terceiro olho revela o futuro. Todas as experiências e ideias servem apenas para esclarecer as percepções obtidas no chakra Ajna.

Os dois olhos físicos representam o Sol e a Lua; o terceiro olho, o fogo. Esses são os três princípios básicos da consciência manifesta. No sexto chakra, as nadis Ida e Pingala terminam nas respectivas narinas. Os três "rios" de Ida (corrente lunar), Pingala (corrente solar) e Sushumna (corrente neutra, central) encontram-se em Triveni, a sede principal da consciência. Depois de cruzar o quinto chakra e antes de alcançar o chakra Ajna, a Sushumna se bifurca. O ramo anterior continua para cima com as nadis Vajrini, Chitrini, Vama, Jyeshtha, Raudri e Brahma, ao passo que o ramo posterior tem apenas o elemento fogo. O Sol opera na condição da nadi Pingala, na parte exterior da Sushumna, e das nadis Vajrini e Jyeshtha, na parte interior. A Lua opera na condição da nadi Ida, na parte exterior da Sushumna, e das nadis Chitrini e Vama, na parte interior. O fogo opera na condição da Sushumna posterior e, dentro da Sushumna anterior, como Raudri e Brahma, as nadis mais interiores.

A Sushumna posterior consome em seu fogo todas as impressões (*samskaras*) que estão armazenadas em *buddhi* (intelecto). A concentração na sílaba seminal *AUM*, especialmente no *bindu* (o ponto sobre o crescente na sílaba *AUM* escrito em sânscrito), é útil na ativação do fluxo de energia através da Sushumna posterior. O terceiro olho (pineal) desempenha um papel importante na penetração ou desatamento do terceiro nó, Rudra Granthi, que está no caminho da Sushumna anterior. O factor do eu é destruído quando se medita nas primeiras quatro cabeças da deusa Hakini, que expressam iluminação, controle do pensamento, atenção não dividida e concentração perfeita. Na verdadeira meditação, nem o meditador (*dhyatri*) nem aquele em que se medita (*dhyeya*) existem. Entretanto, meditar em um aspecto específico da divindade concentra a mente, intensificando a habilidade do aspirante de manter a concentração. Em última instância, a concentração no *linga* propicia o poder de absorver pensamentos e transformar a concentração em meditação. A redução do *linga* ao *bindu* é o processo de concentração absortiva.

Quando o yogin realiza o *mantra japa* (repetição do som) em *SO'HAM*, "Esse sou eu" (*sa* – esse, *aham* – eu) no sexto chakra, as sílabas automaticamente se tornam invertidas, formando o mantra *HAMSA*, que é a palavra sânscrita para cisne, o pássaro que pode voar para lugares desconhecidos às pessoas comuns. Assim, a meditação no Si Mesmo (*atman*) no *bindu* (o ponto que representa o infinito na sílaba *AUM*), transforma o yogin em um *paramahamsa*, aquele que habita na suprema consciência.

Aqueles que meditam nesse chakra erradicam todos os seus pecados ou impurezas e entram na sétima porta, além do chakra Ajna. A aura de tais pessoas permite que todos os que chegam à sua presença se tornem calmos e sensíveis às refinadas frequências de som de *AUM*; o som contínuo *AUM* se produz a partir do seu próprio corpo. Eles agora são *tattvatita*, além dos *tattvas* (elementos). Todos os desejos são basicamente o jogo de *tattva*. Aqueles que estabeleceram a si mesmos no local entre as sobrancelhas vão além de todos os tipos de desejos que motivam a vida e impelem o movimento em muitas direções. Eles se tornam concentrados. Por terem trazido a respiração e a mente sob controle, conseguem manter um estado contínuo de *samadhi* (não dualidade realizada) durante todas as ações. Tudo o que desejam se concretiza.

Características do Comportamento no Chakra Ajna: Esse chakra abrange os planos solar (*Yamuna*), lunar (*Ganga*), terrestre (*Prithvi*) e líquido *(Jala)*, e os planos da consciência (*Viveka*), neutralidade (*Sarasvati*), austeridade (*Tapas*), violência (*Himsa*) e devoção espiritual (*Bhakti*). As energias nervosas solares e lunares se entrelaçam no sentido ascendente através de todos os chakras e se tornam uma só, no sexto chakra. O plano da neutralidade aparece como um equilíbrio entre as energias solar e lunar dentro do corpo. Os componentes da dualidade ficam equalizados, levando a um estado de pura música e neutralidade. Isso traz o sentido de unificação e unidade com as leis cósmicas que aparecem no plano da austeridade. A pessoa percebe que é o espírito imortal num corpo temporal. O plano líquido esfria qualquer calor excessivo gerado pelos poderes aumentados e purifica a consciência. O plano da devoção espiritual mantém o equilíbrio adequado dentro do yogin.

O Chakra Ajna está associado com a glândula pineal, que se projeta chakra do terceiro ventrículo e está circundada pelo fluido cerebrospinal. A pineal ajuda a regular o fluxo desse fluido claro e aquoso a partir do chakra Soma, que está acima do Ajna, através dos ventrículos do cérebro e, no sentido descendente, através da medula espinal até a base da coluna. A própria pineal responde de modo muito sensível à luz. Quando uma pessoa entra no chakra Ajna, a luz se formará em torno de sua cabeça e aura.

As nadis Ida e Pingala têm ligação com o tempo, de modo que até o quinto chakra o yogin também está limitado pelo tempo, mas conforme o Ida e o Pingala terminam no sexto chakra, o yogin se move para a Sushumna, que está além do tempo (*kalatita*). Ele ou ela se torna um conhecedor do passado, do presente e do futuro (*trikaladarshi*). Para as pessoas do sexto chakra, o perigo de renunciar e voltar atrás termina; não há reversão espiritual. Pois enquanto elas estiverem em seu corpo físico, estarão num constante estado de consciência não dual. Elas podem entrar em qualquer outro corpo à vontade. Elas são capazes de compreender o significado interior do conhecimento cósmico e capazes de gerar escrituras.

No chakra Ajna o yogin se torna uma manifestação divina, que corporifica todos os elementos em sua forma ou essência mais pura. Todas as mudanças interiores e exteriores deixam de dar problemas. A mente alcança um estado de atenção cósmica indiferenciada. Toda dualidade cessa. A pessoa que se desenvolveu por meio do chakra Ajna revela a divindade interior e reflete o aspecto divino nas outras pessoas. No quarto chakra a pessoa evolui através de *ananda* (beatitude) e no quinto, através de *chit* (consciência cósmica). No sexto, a pessoa torna-se *sat* (verdade). Não existe o observado nem o observador. A realização é atingida "Esse sou eu; eu sou Esse", e assim ela corporifica *sat-chit-ananda,* ou "ser-consciência/bem-aventurança".

CHAKRA SOMA

Nomes:	Soma, Amrita, Indu
Significado dos nomes:	Néctar ou Lua, Néctar da Imortalidade, Lua
Localização:	Acima do chakra Ajna e dentro do Sahasrara ou sétimo chakra, acima do terceiro olho no centro da testa
Planeta Regente:	Rahu

Forma do Yantra: Crescente de cor prateada em um lótus branco-azulado claro. Às vezes o crescente tem também a cor branca, para indicar a dominação de *sattva* nesse chakra. O lótus tem doze pétalas, embora algumas escrituras indiquem dezesseis pétalas. A lua crescente no centro do lótus é a fonte de néctar (*soma*) para o corpo. Entretanto, ela recebe o néctar de Kamadhenu, a vaca realizadora dos desejos e três das nadis: Ambika, Lambikas e Talika. O néctar está constantemente gotejando do *nirjhara gupha*, ou *bhramara gupha*, "a caverna do abelhão (mamangaba)", o espaço oco entre os dois hemisférios do cérebro.

Kamadhenu: A cor da Kamadhenu é branca. Ela tem a face de um corvo, que representa o estado de alerta; os chifres de uma vaca, que simbolizam a nutrição; o pescoço de um cavalo, que simboliza a força; a cauda de um pavão, que está associada com fantasias e sonhos e as asas de um cisne branco (*hamsa*), que significa a qualidade de discriminação. A sua testa é *ahamkara* (o ego) e seus olhos são humanos, de natureza pura. Essa vaca realizadora dos desejos se tornará acessível ao yogin quando ele ou ela atravessarem o Rudra Granthi e o factor do eu se dissolver. Os desejos do yogin serão, então, necessidades universais e serão satisfeitos pela concentração na Kamadhenu.

Chakra Kameshvara: O chakra Kameshvara está localizado logo acima do ponto onde reside a Kamadhenu. Embora seja um outro chakra secundário dentro do chakra Sahasrara, ele é da máxima importância. É aqui que a deusa Kundalini, em forma de Kameshvari, se

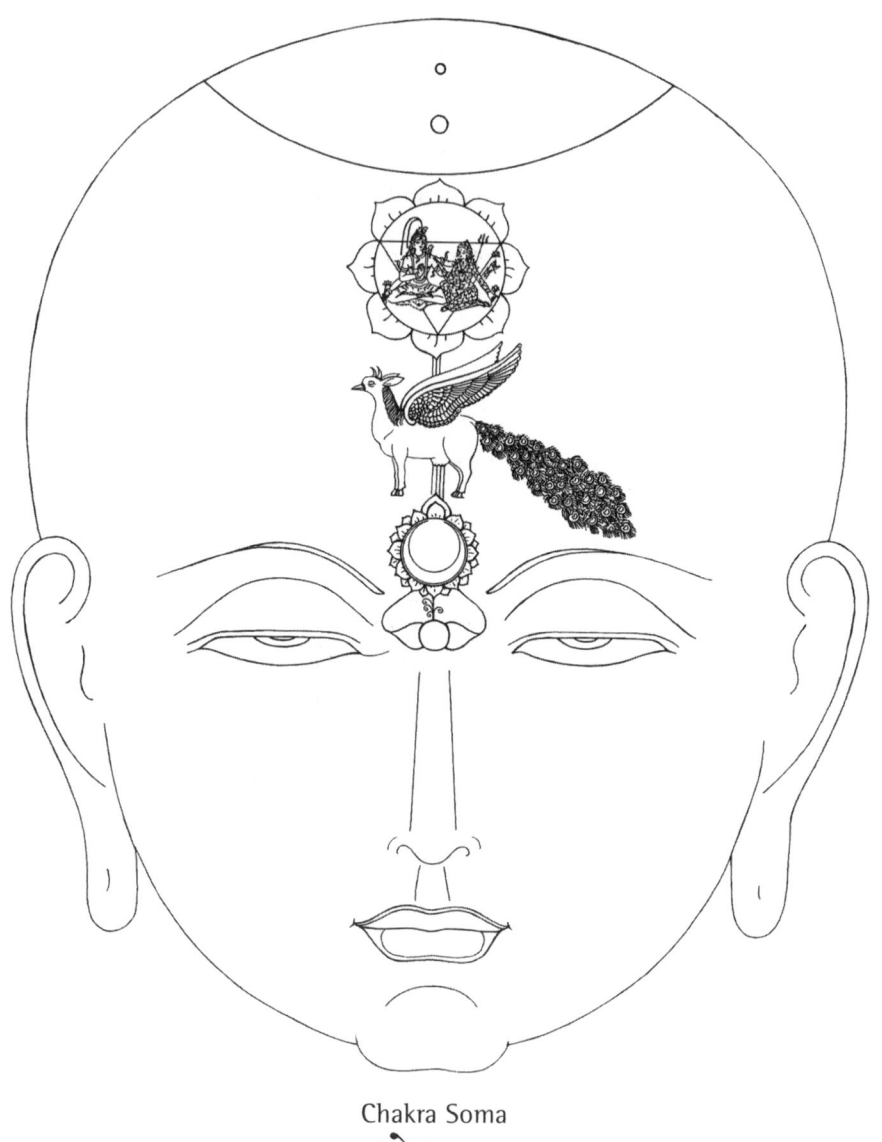

Chakra Soma

सोम चक्र

une com o seu senhor, Param Shiva, na forma de Kameshvara. Na prática tântrica, a Kundalini é despertada e estimulada para buscar essa união com Shiva, o bem supremo do Kundalini-Yoga. A Kundalini (a consciência espiritual do indivíduo) não tem mais nenhuma existência separada; ela foi completamente absorvida pelo Param Shiva (a suprema consciência).

Triângulo Ä-KÄ-THÄ: Dentro do chakra Kameshvara há um triângulo circundando Kameshvari e Kameshvara. Conhecido no Tantra-Yoga como o Triângulo Ä-KÄ-THÄ, ele é formado pelas três nadis de Vama, Jyeshtha e Raudri. No Chakra Muladhara, as mesmas três nadis formam um triângulo que circunda Shiva e Shakti (na forma do Svayambhu Linga com a Kundalini enrolada em torno dele). Antes da manifestação, *parama bindu* (a suprema consciência) assume um caráter triplo representado como os três pontos de poder (*bindus*) específicos dos triângulos. Juntos, os três *bindus* – o *bindu rakta* (vermelho), o *bindu shveta* (branco) e o *bindu* de cores mistas – são *kamkala*, o princípio da realização da consciência energizada (Shakti) na condição de frequências sutis de som. Eles representam três tipos de forças (*bindus*): *bindu, bija* e *nada*. Eles também são conhecidos como: Brahmi, a energia de Brahma, o criador; Vaishnavi, a energia de Vishnu, o preservador e Maheshvari, a energia de Maheshvara, o destruidor, que é o senhor dos senhores, o próprio Shiva. Essas três Shaktis fluem através das três nadis de Vama, Jyeshtha e Raudri, respectivamente, e representam os três aspectos da consciência: conhecer, sentir e fazer. Quando a Kundalini é estimulada para fluir no sentido ascendente pela constante prática de *pranayama, mantra japa* e concentração, todos os aspectos do indivíduo e do mundo manifesto são absorvidos pela Kundalini Shakti. Quando ela se une com a suprema consciência no chakra Kameshvara, os três *gunas* (*sattva, rajas* e *tamas*) também se fundem e a energia dos três *bindus* é reabsorvida pelo *bindu* supremo. A verdade (*satyam*), a beleza (*sundaram*) e a bondade (*shivam*), que emanam do conhecer, sentir e fazer, são concretizadas em todas as formas de expressão e incorporadas no comportamento da pessoa. Assim o objetivo mais elevado da vida é conseguido.

Divindades: Kameshvara e Kameshvari. Kameshvara é o próprio Senhor Shiva. Ele é o senhor do princípio do desejo (*kama* – desejo, *ishvara* – senhor), Ele é aquele a quem Kameshvari, a deusa do desejo, está impaciente para encontrar. Uma vez estimulada, ela corre para encontrar o seu senhor através da estreita passagem da nadi Brahma, usando qualquer um dos cinco movimentos (descritos nas pp. 80-81 no capítulo 2, "Kundalini e Yoga"). Revelando as pétalas de todos os lótus dos diferentes chakras, ela vai até o chakra mais elevado para encontrá-lo. Kameshvara é descrito como a mais bela das formas masculinas. Ele está sentado como um yogin, mas em eterno abraço com sua amada Kameshvari, que é a mais bela forma feminina nos três mundos, Tripura Sundari (*tri* – três, *pura* – planos ou mundos, *sundari* – belo).

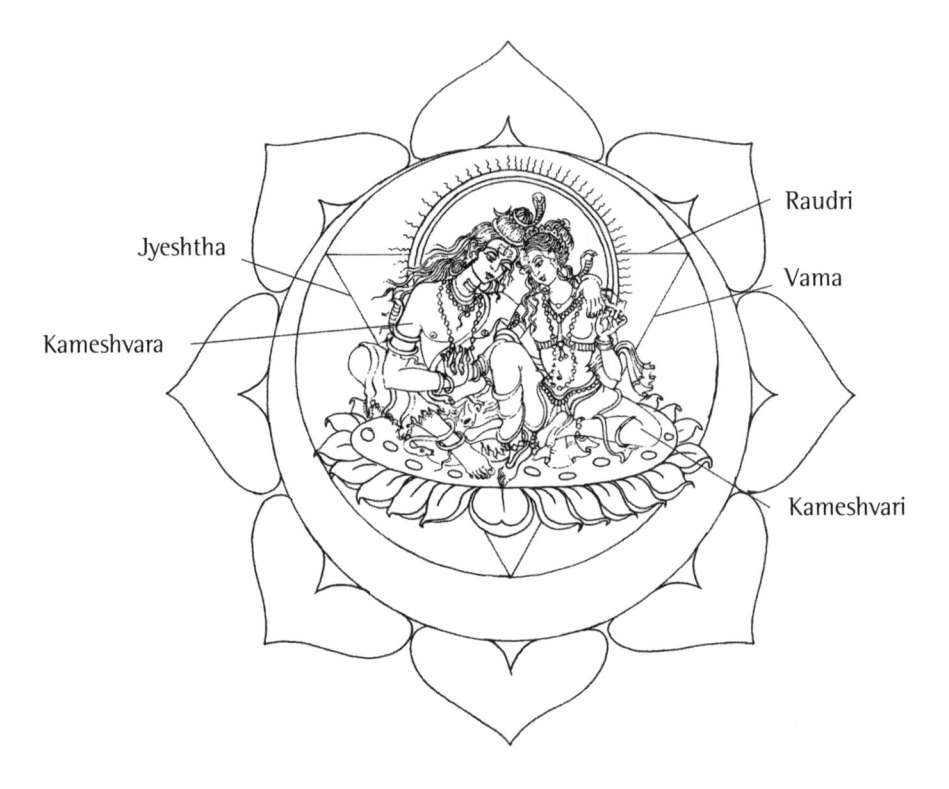

Kameshvara e Kameshvari sentados no Triângulo Ä-KÄ-THÄ

ASPECTOS DA CONSCIÊNCIA

Vama	Volição (*Iccha*)	Sentir	Som Sutil (*Pashyanti*)	Criação	Brahmi
Jyeshtha	Conhecimento (*Jnana*)	Conhecer	Som Intermediário (*Madhyama*)	Preservação	Vaishnavi
Raudri	Ação (*Kriya*)	Fazer	Som Articulado (*Vaikhari*)	Dissolução	Maheshvari

Kameshvara é também conhecido como Urdhvareta (*urdhva* – dirigido para cima, *reta* – corrente ou fluxo), por sua habilidade para puxar para cima a essência do fluido seminal através da nadi Sushumna; ele é o senhor do conhecimento do movimento ascendente da energia. O Tantra Vamachara (mão esquerda) provê uma descrição completa desse processo de movimento ascendente e alega que a semente masculina física (*bindu*) deve ser levada ao chakra Kameshvara para se unir com a energia feminina lunar. A união interior e exterior se torna *tantra* (consciência expandida), porque ela é uma combinação de *bhoga* (prazer) e *yoga* (desprendimento). Kameshvara concede o poder do movimento ascendente e da retenção do sêmen; portanto, a meditação no Kameshvara faz o ego diminuir de intensidade, e o yogin sentado no chakra Soma desfruta de *brahmananda* (a bem-aventurança de *brahman*). Kameshvari não é mais a serpente furiosa (Kundalini) que expele fogo, como era quando subitamente despertada de seu sono. Kameshvari, aquela que deseja, está agora em paz, em união com seu amado, Kameshvara, aquele que satisfaz todos os desejos.

Técnicas e Efeitos da Meditação: Em seu curso natural, *soma* (néctar) flui para baixo a partir de Kamadhenu através dos chakras. Quando ele alcança o chakra Manipura, o terceiro chakra, é queimado pela energia de fogo do plexo solar. Entretanto, os yogins podem bloquear o fluxo descendente desse néctar (*amrita*) meditando no lótus de oito pétalas do chakra Kameshvara e executando a *khechari mudra* (descrita na p. 74 no capítulo 2, "Kundalini e Yoga"). A *khechari mudra* (*kha* – éter, *chari* – mover) intensifica o fluxo ascendente de energia, permitindo que o yogin permaneça no Brahma Randhra ou Shunya Mandala (centro do vazio), o espaço oco entre os dois hemisférios conhecido como o décimo portão do corpo, também localizado dentro do chakra Sahasrara.

Aquele que detém o fluxo descendente do néctar torna-se imortal no corpo físico. Ele ou ela obtém a vitória sobre doenças, decadência e morte e é capaz de deter o processo de envelhecimento, assim permanecendo sempre jovem, cheio de vitalidade e resistência. Ele ou ela desfruta de eterna bem-aventurança por meio da união de Shiva e Shakti, o objetivo último do Kundalini-Yoga.

Características do Comportamento: Atravessar o chakra Soma leva o yogin além dos desejos mundanos e lhe confere autoridade sobre os elementos (*tattvatita*). Então, o que quer que ele ou ela queira acontece. O chakra Soma é o lugar onde ansiedade e raiva diminuem. Soma está conectado com a Lua e torna o yogin muito tranquilo, calmo e satisfeito consigo mesmo. A bem-aventurança é tranquila.

CHAKRA SAHASRARA
(SÉTIMO CHAKRA)

Nomes:	Sahasrara, Shunya, Niralambapuri
Significado dos nomes:	Com mil pétalas, Vazio, Morada Sem Suporte (*niralamba* – sem suporte, *puri* – morada)
Localização:	Topo do crânio, plexo cerebral
Sílaba seminal (*Bija Mantra*):	Visarga (um som específico de expiração na pronúncia sânscrita)
Cor da sílaba seminal:	Dourado
Portador (*Vahana*) da sílaba seminal:	O movimento de *bindu*, o ponto acima do crescente
Número de pétalas:	Mil
Cor das pétalas:	Cores diversas do arco-íris
Sons seminais das pétalas:	Todos os sons puros de *AH* a *KSHA*, incluindo todas as vogais e consoantes da língua sânscrita
Plano (*Loka*):	Verdade, Realidade (*Satyam Loka*)
Planeta regente:	Ketu

Forma do Yantra: Círculo como uma lua cheia. Em algumas escrituras o *yantra* é mencionado como *purna chandra* (*purna* – cheio, *chandra* – lua), em outros como *nirakara* (sem forma). Acima da esfera existe uma sombrinha de mil pétalas de lótus arrumadas nas cores variadas do arco-íris.

Divindade: O guru interior

Shakti: Chaitanya. Algumas escrituras indicam Paramatma e outras, Mahashakti.

Técnicas e Efeitos da Meditação: Os seguintes planos são realizados pelo yogin que atingiu a consciência do sétimo chakra:

Sahasrara

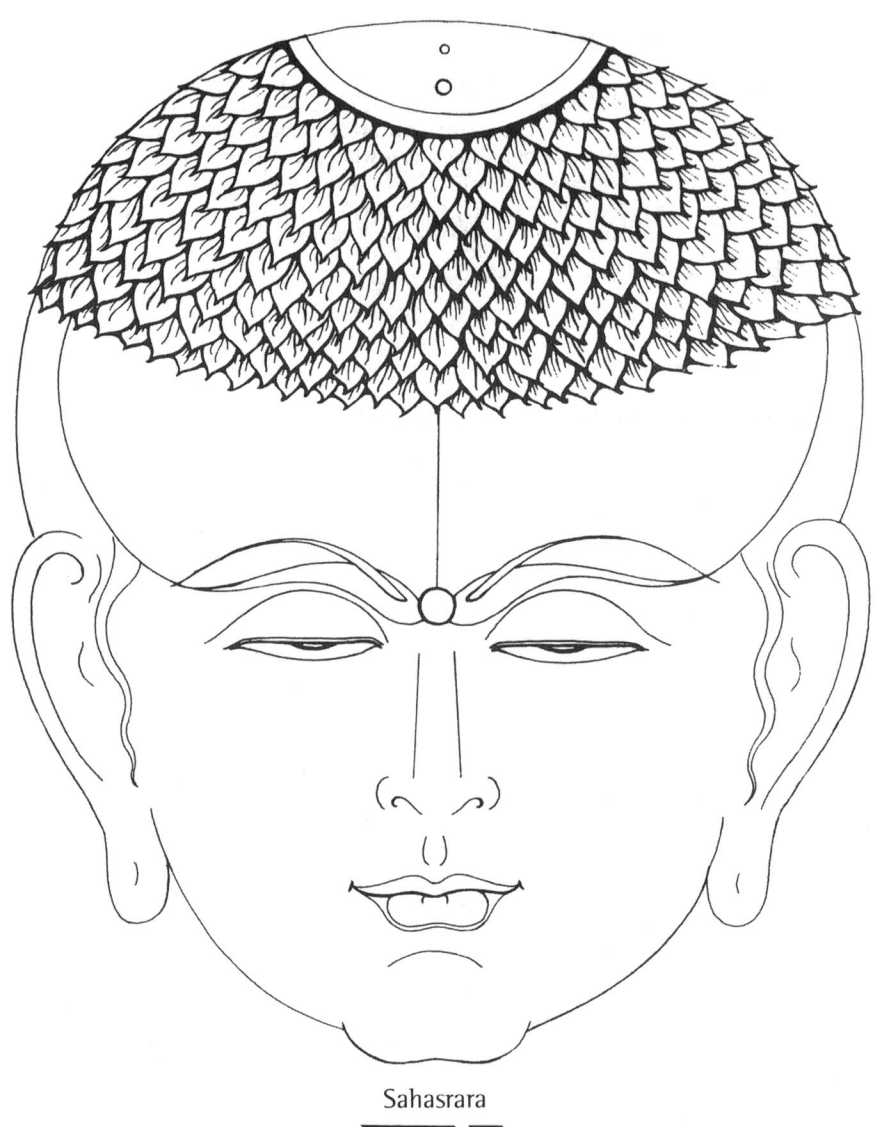

सहस्रार चक्र

- O plano da radiação (*Tejas Loka*). *Tejas* é luz, fogo, ou visão em sua essência mais refinada. O yogin se torna iluminado como o Sol, um ser brilhante, um mestre iluminado. A sua aura é continuamente radiante.
- O plano das vibrações primais (*Omkara*), *AUM* (ou *OM*) é o primeiro som, que continua infinitamente. Centrar-se em *AUM* libera os vastos recursos do conhecimento cósmico interior, que estavam bloqueados nos chakras inferiores. Aqui a frequência de *AUM* torna-se manifesta dentro do yogin.
- O plano gasoso (*Vayu Loka*). O yogin obtém supremacia sobre *prana*, que se torna tão sutil (*sukshma*) que o total do *prana* dentro do corpo é considerado do tamanho do polegar (*angushtha matra*); se alguém pusesse um pedaço de vidro na frente do nariz do yogin, nenhum vapor se depositaria nele.
- O plano do intelecto positivo (*Subuddhi Loka*). Todos os julgamentos de valor ou percepções dualistas são equilibradas, impedindo o intelecto negativo (*durbuddhi*), a negação do divino, de surgir dentro da mente.
- O plano da felicidade (*Sukha Loka*), que surge quando um equilíbrio adequado no corpo, na psique e na mente é estabelecido.
- O plano da preguiça (*Tamas Loka*) pode ocorrer quando o yogin atinge um estado de bem-aventurança: quando ele ou ela entra num estado de *samadhi*, o corpo físico torna-se totalmente inativo.

A imortalidade é atingida dentro do chakra Sahasrara. Antes de atingir esse chakra, o yogin é incapaz de alcançar o estado de consciência sem consciência da iluminação bem-aventurada chamada de *asamaprajnata samadhi*. Até o sexto chakra, o yogin pode entrar num transe no qual a atividade ou forma ainda permanece na consciência. No chakra Sahasrara o *prana* se move para cima e atinge o ponto máximo. A mente estabelece a si mesma no puro vazio de Shunya Mandala, o espaço entre os dois hemisférios. Nesse momento, todas as sensações, emoções e desejos, que são as atividades da mente, são dissolvidos em sua causa primária. Nesse estado, não existe atividade mental e nenhum conhecedor, nenhum conhecimento, nada a ser conhecido. Conhecimento, conhecedor e conhecido, tudo se torna unificado e liberado. O yogin é *sat-chit-ananda*, verdade-consciência/bem-aventurança, o estado mais elevado da existência.

Depois de experimentar o estado mais elevado, que está além do tempo e do espaço, causa e efeito e, portanto, além da servidão e da libertação, o yogin permanece em *samadhi*, a pura bem-aventurança da inatividade total. Uma pessoa assim continuará a sobreviver no corpo até que todos os karmas anteriores estejam completamente exauridos. A seguir, o yogin poderá deixar o corpo à sua vontade e seguir para o caminho de não retorno, fundindo-se na suprema consciência.

Características do Comportamento no Chakra Sahasrara: Quando a Kundalini se eleva até o chakra Sahasrara, a ilusão do "eu individual" é dissolvida. A pessoa é seu próprio e real Si Mesmo. Mesmo se permanecer no corpo físico, ela reterá a consciência não dual, apreciando o jogo de *lila* sem se perturbar por prazer ou dor, honras ou humilhações. O yogin se torna realizado, alguém com os princípios cósmicos dentro do corpo que governam o universo inteiro. O aspirante ganha *siddhis* (poderes) à medida que o progresso se faz no sentido ascendente, por meio dos chakras, até que Kamadhenu, a vaca que realiza os desejos, é encontrada dentro da própria pessoa. Alguém que se estabeleceu no chakra Sahasrara terá atingido muitas *siddhis*, mas transcendido o desejo de manifestar esses poderes. O yogin será capaz de transcender os *gunas* e se tornará um ser realizado conhecido como *gunatita* (além do *guna*).

De acordo com as escrituras, o Sahasrara é a localização da alma autoiluminada ou *chitta*, a essência do ser. Na pessoa que atingiu o Sahasrara, *chitta* é como uma tela na qual o reflexo do Si Mesmo cósmico, o divino, é visto. Na presença do Si Mesmo cósmico, é possível para qualquer pessoa sentir o divino e, de fato, realizar a divindade dentro de si mesma.

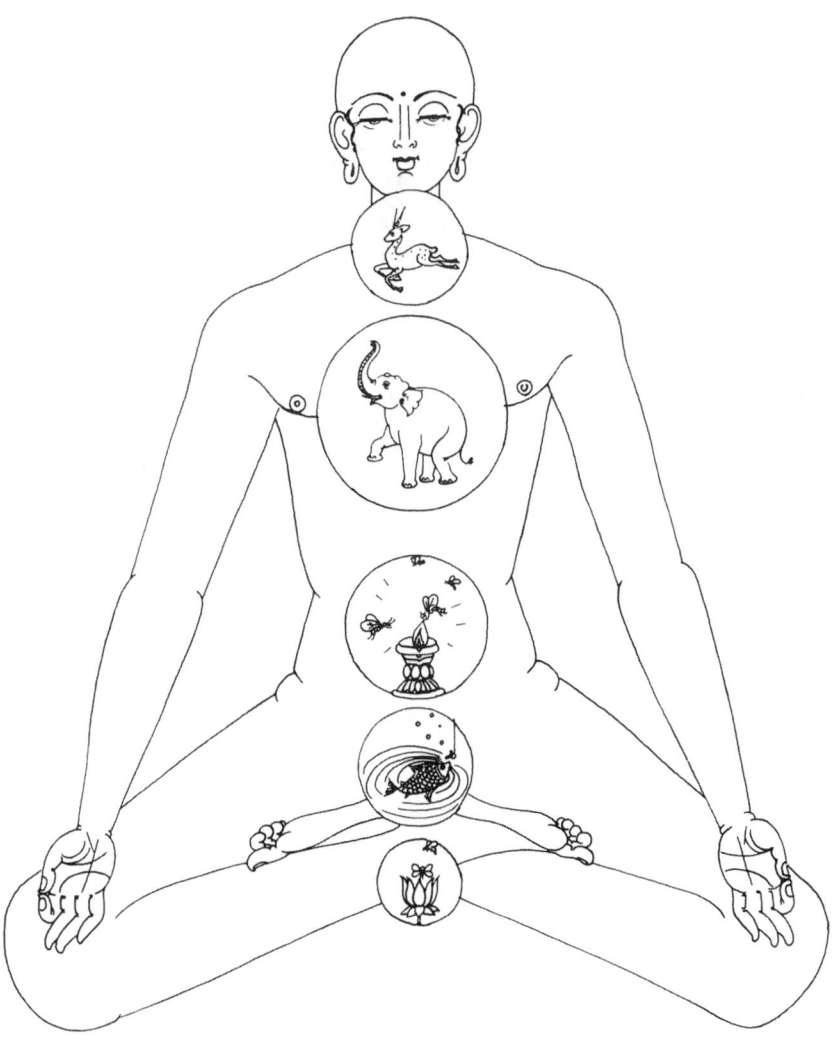

Os cinco elementos e os animais que morrem por eles:*

1. Terra – o abelhão morre pelo olfato
2. Água – o peixe morre pelo paladar
3. Fogo – a mariposa morre pela visão
4. Ar – O elefante morre pelo toque
5. Akasha – o cervo morre pelo som

* De *Vivekachudamani*, de Shankaracharya

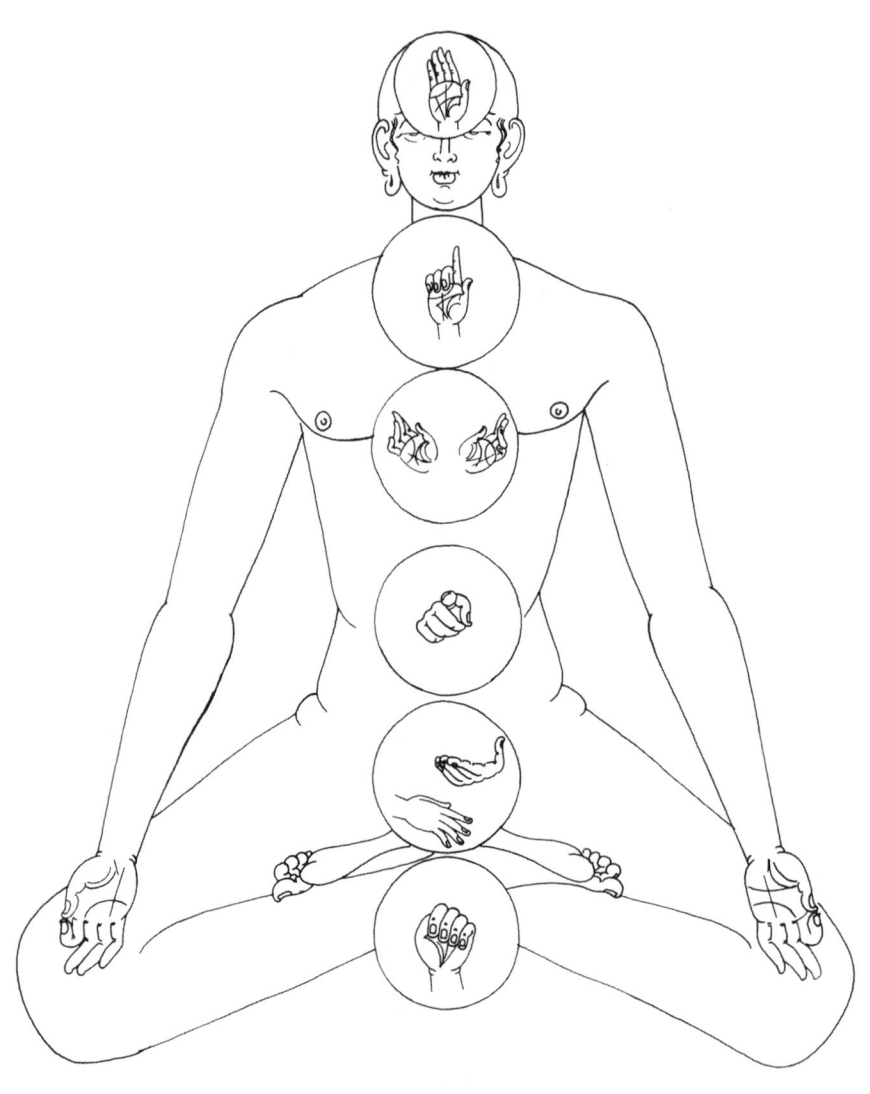

Posturas de mão (*mudras*) dos diferentes chakras

4

Chakras, renascimento e espiritualidade

De Deus vieram sete lokas (isto é, chakras), onde o prana se move.
Mundakopanishad 2.1.8

A espiritualidade é o despertar da divindade na consciência. Ela é o *summun bonun* da consciência na encarnação humana, que liberta a consciência da "armadilha mente-corpo". Essa liberdade é obtida por um gradual processo de transformação da consciência sensorial da mente.

É a consciência pelos sentidos que percebe o mundo e que produz constantemente pensamentos descontrolados. Ela deseja, sente prazer e dor, pensa, determina e – em seu aspecto de busca de prazer – às vezes comete excessos.

Uma pessoa pode ser um grande pensador, cientista, artista ou educador sem a transformação da consciência pelos sentidos. Mas, ao viver apenas um aspecto do próprio ser (aquele que é representado pelo factor do eu, circundado pelo mundo sensorial), a pessoa permanece envolvida com a gratificação dos sentidos, movendo-se a esmo com luxúria e avidez no oceano do *samsara*. Ao transformar a consciência pelos sentidos se pode adquirir liberdade da escravidão da mente: o diálogo interior, os pensamentos descontrolados, a luxúria e a avidez. Por meio da transformação da consciência pelos sentidos, a pessoa pode viver o outro aspecto do próprio ser, no qual a mente é afastada por completo do mundo sensorial e não pensa, deseja ou quer. Então o factor do eu se funde na suprema consciência e a pessoa se afasta do ciclo de nascimento e de morte.

O factor do eu envolve a mente em contínuos padrões de busca de prazer e essas experiências de prazer desenvolvem uma afeição na mente pela consciência dos sentidos. A mente então vagueia e perde o seu foco central. A mente "descentrada" é então presa pelos objetos do mundo sensorial, que é um jogo dos elementos (*tattvas*) e qualidades (*gunas*). Uma mente impura (ou uma mente descentrada presa pelos desejos) leva à servidão. Se a pureza da mente não for atingida

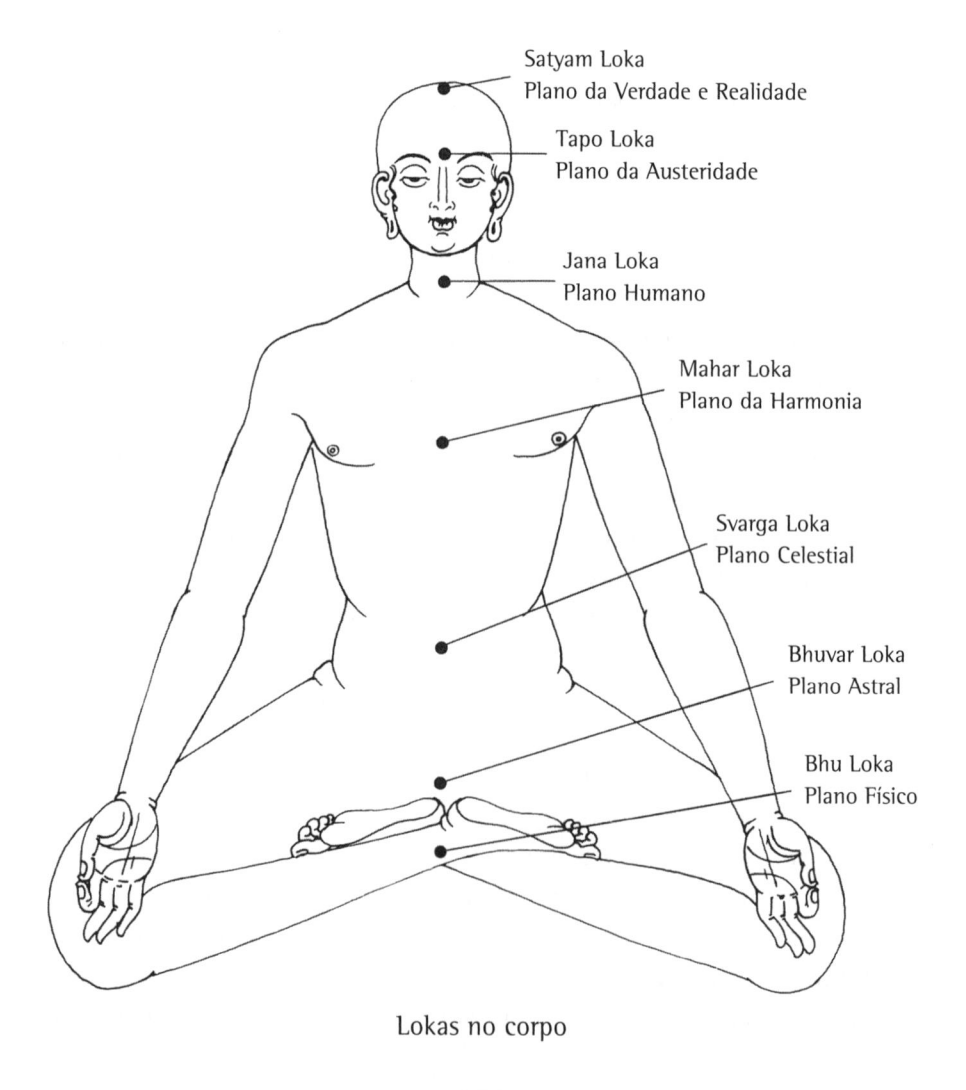

Lokas no corpo

pela constante prática da concentração, ajudada pelos mantras, o factor do eu permanece mesmo depois que deixamos o corpo. Ele habita em diferentes planos (*lokas*). Esses planos estão diretamente conectados com o corpo humano através dos chakras.

Conforme vimos nos capítulos anteriores, os primeiros cinco chakras estão conectados com os cinco elementos: terra, água, fogo, ar e *akasha*. Os *lokas* conectados com esses chakras estão também conectados com seus respectivos elementos. Os elementos pertencem ao campo material e constituem um *continuum* que varia do nível vibratório mais sutil de energia até o mais denso. À medida que esses elementos surgem e predominam em uma sucessão fixa durante o fluxo da respiração em cada narina, a consciência pelos sentidos passa constantemente por mudanças correspondentes. Todas as atividades mentais e fisiológicas, todas as necessidades e desejos, estão conectados com esses cinco elementos.

O elemento terra não é o planeta Terra. Entretanto, o elemento terra domina no planeta Terra, conhecido como Bhuh (terra) Loka. A localização de ambos é no chakra Muladhara. No organismo humano, os ossos, a carne, a pele, as nadis e os cabelos consistem do elemento terra. A paciência, a avidez e o desejo pela sobrevivência são os atributos comportamentais conectados com o elemento terra. Sua natureza é estável. Coletar e poupar são as atividades associadas. Quando a terra domina por vinte minutos em cada ciclo respiratório de sessenta minutos, a pessoa manifesta os desejos, atividades, natureza e atributos conectados com o elemento terra. Se esses desejos não se realizam, a pessoa persiste no Bhur Loka após a morte e nasce repetidas vezes como um ser humano normal.

De maneira semelhante, o segundo chakra, o chakra Svadhishthana, é a localização do elemento água e o plano astral, Bhuvar Loka. O sêmen, o sangue, a gordura, a urina e o muco no corpo pertencem ao elemento água. A pureza e o apego são seus atributos, pertencer é seu desejo e o trabalho pacífico é a atividade desse elemento. Ele é calmo por natureza. Em cada ciclo respiratório de sessenta minutos o elemento água domina por dezesseis minutos. Se os desejos do segundo chakra não forem satisfeitos, a pessoa fica no Bhuvar Loka após a morte. Depois que chegar ao fim o período de permanência no Bhuvar Loka, a pessoa nasce novamente na terra para satisfazer os desejos do plano astral, como, por exemplo, um artista, músico, dançarino ou poeta.

O terceiro chakra, o chakra Manipura, é a sede do elemento fogo e o plano celestial, Svarga Loka. Fome, sede, sono, letargia e magnetismo pessoal (*ojas*) estão relacionados ao elemento fogo. A raiva é o seu atributo. O trabalho árduo é a atividade desse elemento. Em cada ciclo respiratório de sessenta minutos esse elemento domina por doze minutos. Por natureza, a pessoa dominada pelo fogo é colérica e é motivada pelo desejo de realizações. Se o desejo por realizações, tais como nome, fama, imortalidade e poder, não for satisfeito, a pessoa permanecerá no Svarga Loka por um período de tempo após a morte, em virtude das boas ações (*karmas*) feitas na terra. Depois que o período de permanência em Svarga Loka chega ao fim, a pessoa novamente nasce na terra, na condição de rei ou administrador de algum tipo.

O quarto chakra, o chakra Anahata, é a sede do elemento ar e o plano do equilíbrio, o Mahar Loka. Correr, caçar, usar a força, o encolhimento (contração) e o crescimento do corpo (expansão), tudo isso está relacionado com o elemento ar. Ele cria inquietação, atividade, movimento e o desejo de fazer alguma coisa. O ar é responsável por todo tipo de movimento dentro e fora do corpo, seja a circulação de fluidos ou os sinais neuromotores no sistema nervoso. O ar é *prana*, energia na forma de força vital que nos torna um ser vivo e consciente. Em cada ciclo respiratório de sessenta minutos, o elemento ar domina por oito minutos. Se os desejos do quarto chakra não forem satisfeitos em vida, após a morte a pessoa permanece no Mahar Loka em virtude de suas boas ações de amor, partilha, devoção, serviço abnegado e compaixão, feitos na terra. Depois do Mahar Loka (plano da harmonia), a pessoa novamente nasce na terra como um reformador, uma pessoa santa, um devoto, um curador ou um artista espiritual de algum tipo.

O quinto chakra, o chakra Vishuddha, é a sede elemento *akasha* e o Jana Loka. Amor, animosidade, timidez, medo e apego estão relacionados ao elemento *akasha*. O seu atributo é o ego ou o factor do eu, o seu desejo é a solidão, sua atividade, os pensamentos e ideias. Em cada ciclo respiratório de sessenta minutos, esse elemento domina por quatro minutos. Se os desejos do quinto chakra não forem satisfeitos durante a vida da pessoa, então após a morte ela permanecerá no

Jana Loka (plano humano) por um período de tempo merecido por meio das boas ações realizadas durante a sua vida. Depois do Jana Loka, a pessoa novamente nasce no planeta Terra na condição de um professor, um sábio, ou um intérprete das escrituras sagradas.

Quando se vai além dos elementos por meio da prática do Yoga, alcança-se o chakra Ajna e o plano da austeridade, Tapo Loka. A mente é purificada por meio da austeridade e, por intermédio da transformação da consciência pelos sentidos, a pessoa experimenta o aspecto mais elevado do seu próprio ser. Ela se torna não gananciosa, pura, contente e um observador neutro da vida e seu psicodrama. Misericórdia, honestidade, perdão e firmeza enriquecem a vida dessa pessoa e ele ou ela sente uma força interior divina esplendorosa, que elimina a carga da consciência corporal. A pessoa adquire pleno controle sobre a sua respiração e mente; não obstante, pode obter outro nascimento se a tarefa da autorrealização (que é a absorção do factor do eu pela consciência suprema) não tiver sido realizada. Uma pessoa assim renasce como um asceta, um yogue, um avatar, um bodhisattva ou um profeta. Ele ou ela ultrapassou os elementos, mas ainda deve superar os *gunas* e isso só é possível por intermédio da prática de despertar a Kundalini.

Uma pessoa pode funcionar com a energia química, mecânica e elétrica (do corpo) e a consciência pelos sentidos (da mente) sem despertar a energia espiritual da Kundalini. Entretanto, as imagens objetivas irão sempre atar a consciência e o factor do eu irá trazer a pessoa de volta ao ciclo de vida e morte. Todos os seres estão sujeitos à lei do karma. Bons karmas levam a bons mundos (*lokas*) e maus karmas a submundos (*narakas*). Esses *narakas* estão conectados com os sete chakras abaixo do chakra Muladhara, que não foram discutidos neste livro. A Kundalini é a energia espiritual que permanece dormente no chakra Muladhara. É a energia que sustenta a vida e a consciência enquanto permanece enrolada, mas quando desperta, ela traz a superconsciência espiritualizada. A mente-dos-sentidos é transformada em mente pura, que é absorvida pela corrente de consciência fluindo em forma de Kundalini Shakti. A mente transcende todos os contrários e realiza o puro ser, o imutável e a única verdade (*satya*), na forma de *nirvikalpa samadhi*. Este é o plano de Satyam Loka, associado com o chakra Sahasrara.

Depois de atingir o chakra Sahasrara e se unir com sua contraparte, Shiva, a Kundalini permanece em união por algum tempo; ela então desce ao chakra Muladhara e se enrola novamente. Durante esse processo de descida, os poderes dos chakras e das divindades residindo neles são restaurados. Embora a Kundalini retorne ao chakra Muladhara e a vida continue no corpo até que os karmas da pessoa sejam exauridos, ela agora vive num estado expandido de consciência. Ele ou ela vive como uma pessoa transformada e atinge o *nirvana* ao deixar o corpo.

O corpo assim purificado pelo Yoga não decai ou se decompõe facilmente, como o corpo de alguém que está apegado ao mundo material e aos desejos pelo prazer mundano conectados com os planos inferiores. Remeto aqueles que desejam estudar mais sobre os planos mencionados nos diferentes chakras ao meu livro *Leela*,[1] que é baseado no "jogo" do conhecimento. Os aspectos suplementares dos chakras são discutidos em meus livros *Tools for Tantra*[2] e *Breath, Mind and Consciousness*.[3]

---

[1] *Leela: The Game of Self-Knowledge* (Rochester, Vt.: Destiny Books, 1993).
[2] *Tools for Tantra* (Rochester, Vt.: Destiny Books, 1986).
[3] *Breath, Mind and Consciousness* (Rochester, Vt.: Destiny Books, 1989).

Apêndice

Extratos de escrituras hindus sobre os diversos estágios do yoga

YOGA

O estado de real absorção da consciência, que está além de todo conhecimento, é Yoga. (*Akshyopanishad* 2.3)

O Yoga traz um estado de profunda concentração. (*Sharadatilaka* 25.1)

Um yogin atinge o Yoga apenas na superconcentração. (*Rudrayamalatantra*, 2, 27.43)

Desenvolvendo a equanimidade da mente, indo além de todos os contrários do mundo e da consciência do corpo, a pessoa é capaz de compreender aquele que é puro ser, imutável, além da mente e da fala, e a única verdade no mundo transitório da mente-poder-matéria. Esse *brahman* é compreendido diretamente no Yoga na forma de *nirvikalpa samadhi*. (*Mahanirvanatantra* 3, 7-8)

Yoga é o controle dos *vrittis* (modificações mentais). (*Shandilyopanishad* 1.7.24)

ASANA (POSTURA)

O corpo deveria ser treinado para assumir um estado de imobilidade por um período prolongado, sem desconforto ou dor. (*Nadabindu Upanishad* 3.3.1)

Em *samadhi*, todos os sentidos param de funcionar e o corpo permanece imóvel como um pedaço de pau. (*Nadabindu Upanishad* 3.3.2)

Os três mundos são conquistados por aquele que dominou a postura. (*Trishikhi-brahmanopanishad*, seção de mantra, 52)

Para a purificação do corpo e para obter sucesso no Yoga, a postura é absolutamente necessária. (*Rudrayamalatantra*, parte 2.24, 38-39)

A postura ajuda a tornar a mente calma. (*Tantrarajatantra* 27, 59)

Pela prática da postura, o corpo fica livre de doenças, firme e eficiente. (*Grahayamalatantra*, cap. 2)

Os movimentos físicos (*mudras*) não são úteis em si mesmos, nem a concentração sozinha traz sucesso. Aquele que combina a concentração com o controle físico obtém sucesso e se torna imortal. (*Ishopanishad* 9 e 11)

O yogin deveria usar o seu corpo como o pedaço inferior da madeira e *pranava* (*AUM*) como o pedaço superior da madeira e esfregá-los um contra o outro até que o fogo da compreensão comece a arder e ele realize o ser supremo. (*Shvetashvataropanishad* 1.14)

Quando o yogin atinge um corpo purificado pelo fogo do Yoga, ele se liberta da decadência e da doença, sua juventude é prolongada e ele vive muito. Ele então conhece o cheiro, o gosto, a visão, o toque e o som superiores. (*Shvetashvataropanishad* 2.12)

Asana, quando dominado, pode destruir todas as doenças e pode até mesmo assimilar venenos. Se não for possível dominar todos os *asanas*, domine apenas um e fique confortável com ele. (*Shandilyopanishad* 1.3.12-13)

PRANAYAMA (CONTROLE DA RESPIRAÇÃO)

Existem duas causas que fazem a mente vaguear: (1) *Vasanas* – os desejos que são produzidos pelas impressões latentes das sensações e (2) a respiração. Se um for controlado o outro fica automaticamente controlado. Desses dois, a respiração deveria ser controlada em primeiro lugar. (*Yogakundalyupanishad* 1.1-2)

O processo respiratório cria imagens na mente. Quando a respiração se acalma, a mente também se acalma. (*Yogakundalyupanishad* 89)

O controle da respiração produz tanto desenvolvimento físico como o mental. (*Varahopanishad* 5.46-49)

Quando as nadis são purificadas pelo *nadishodhana pranayama*, o *prana* entra na Sushumna com força e a mente se acalma. (*Shandilyopanishad* 1.7.9.10)

Primeiro adote uma postura de Yoga (*asana*); mantenha o corpo ereto, deixe os olhos se fixarem e os maxilares relaxarem, de modo que a arcada dentária superior não toque na inferior. Vire a língua para trás. Use o bloqueio do queixo (*jalandhara bandha*) e a sua mão direita para respirar por qualquer uma das narinas; mantenha o corpo imóvel e a mente calma. Então pratique o *pranayama*. (*Trishikhibrahmanopanishad*, seção de mantra 92-94)

Primeiro exale o ar dos pulmões através da narina direita fechando a narina esquerda com os dedos da mão direita. Depois inale pela narina esquerda contando até 16, suspenda a respiração contando até 64, exale pela narina direita contando até 32 (*Trishikhibrahmanopanishad*, seção de mantra 95-98)

Dez formas de *prana* são controladas por *Pranayama*: (1) *Prana*, (2) *Apana*, (3) *Samana*, (4) *Vyana*, (5) *Udana*, (6) *Kurma*, (7) *Krikilla*, (8) *Naga*, (9) *Dhananjaya* e (10) *Devadatta* (*Mundamalatantra*, cap. 2)

Por meio do *pranayama* a pulsação do *prana* é controlada e a mente se torna calma. (*Gandharvatantra*)

Por meio do *pranayama* as impurezas internas são removidas. É a melhor prática de Yoga. Sem a sua ajuda, a libertação não é possível. (*Gandharvatantra*, cap.10)

Por meio do *pranayama* a mente e os sentidos são purificados (*Kularnavatantra*, cap. 15)

A pessoa saudável, que come com moderação e consegue controlar a respiração torna-se um yogin... Aquele que é puro e pratica o controle sexual é capaz de controlar a respiração. A prática regular é absolutamente necessária. O Yoga não é possível sem *pranayama* (*Rudrayamalatantra*, parte 2.17.40-43)

No primeiro estágio de *pranayama*, a transpiração ocorre; no segundo estágio, o corpo treme; no terceiro estágio, ou o mais elevado, o corpo levita. O *pranayama* deveria ser praticado com regularidade, até o terceiro estágio ser alcançado. (*Sharadatilaka*, 25.21-22)

Quando o controle respiratório é aperfeiçoado, o corpo se torna leve, o semblante se torna alegre, os olhos ficam brilhantes, o poder digestivo aumenta e ele traz purificação interior e alegria. (*Grahayamalatantra*, cap. 13)

PRATYAHARA (RECOLHIMENTO)

Os órgãos dos sentidos e os órgãos da ação deveriam ser recolhidos nos *manas* (mente sensorial) e o *manas* deveria ser incorporado ao *jnanatman* (consciência). (*Kathopanishad* 1.3.13)

Os sentidos deveriam ser controlados pela vontade dentro do *hrit* (lótus de oito pétalas dentro do chakra do coração, o *Ananda Kanda* ou coração espiritual). (*Shvetashvataropanishad*, 2.8)

Pela mente concentrada os sentidos deveriam ser controlados em sua raiz – nos chakras. (*Trishikhibrahmanopanishad*, seção de mantra 115)

A mente deve ser recolhida pela concentração nos dezoito *adharas* (pontos vitais), um depois do outro, na seguinte ordem, enquanto se pratica *kumbhaka* (suspensão da respiração): (1) dedão, (2) tornozelo, (3) panturrilha, (4) joelho, (5) coxa, (6) ânus, (7) genitais, (8) região abdominal, (9) umbigo, (10) coração, (11) pulso, (12) cotovelo, (13) pescoço, (14) ponta do nariz, (15) olhos, (16) céu da boca, (17) espaço entre as sobrancelhas e (18) testa. O recolhimento dos sentidos (*indriya aharana*) em relação ao objeto pela aplicação do poder do controle (vontade) é chamado de *pratyahara*. (*Darshanopanishad* 7.1-2)

A respiração deveria ser suspensa com a concentração aplicada aos pontos seguintes sucessivamente: (1) raízes dos dentes, (2) pescoço, (3) peito, (4) umbigo, (5) base da espinha (a região da Kundalini), (6) Muladhara (região coccígea), (7) quadril, (8) coxa, (9) joelho, (10) perna e (11) dedão. Isso é chamado de *pratyahara* pelos antigos yogues. (*Darshanopanishad* 7.5-9)

O controle da mente em relação aos objetos dos sentidos é *pratyahara*. (*Mandalabrahmanopanishad* 1.7)

O recolhimento dos sentidos em relação aos seus respectivos objetos, que os atraem naturalmente, é chamado *pratyahara*. (*Yogalattusopanishad* 68.69)

Pratyahara é o recolhimento dos sentidos em relação aos seus objetos, considerando as imagens sensoriais como Deus, abandonando os frutos das ações, afastando-se de todos os objetos e mantendo a atenção na concentração nos dezoito *adharas* na seguinte sucessão, em ordem ascendente e descendente: (1) pé, (2) dedão, (3) tornozelo, (4) perna, (5) joelho, (6) coxa, (7) ânus, (8) genitais, (9) umbigo, (10) coração, (11) pescoço, (12) laringe, (13) palato, (14) narinas, (15) olhos, (16) o espaço entre as sobrancelhas, (17) testa e (18) cabeça. (*Shandilyopanishad* 8.1-2)

As flutuações na mente são causadas pelos desejos; quando os desejos são controlados por *pratyahara*, a mente se acalma e se concentra em Deus. (*Rudrayamalatantra*, parte 2, 24.137)

A mente conectada com os sentidos e seus objetos é irresistível, firme, difícil de controlar, sem vontade de obedecer; o seu recolhimento pelo poder da vontade é chamado de *pratyahara*. Pela prática de *pratyahara* o yogin torna-se calmo e é capaz de se concentrar profundamente. Isso o conduz ao Yoga. (*Rudrayamalatantra*, parte 2, 27.28-30)

Em *kumbhaka* (suspensão da respiração) a mente deve estar concentrada; começar pelo Muladhara até os outros chakras, passo a passo – isto é chamado de *pratyahara*. (*Tantrarajatantra* 27, 70)

DHARANA (CONCENTRAÇÃO)

Dharana é manter o espírito divino na consciência durante a concentração. (*Amritanadopanishad* 15)

Afastar a consciência do campo perceptivo, mantendo-a no campo da superconsciência é *dharana*. (*Mandalabrahmanopanishad* 1.1.8)

Um praticante de Yoga, depois de praticar *yama, niyama, asana* e *pranayama* deve manter sua mente nas cinco formas dos elementos, em seus respectivos centros dentro do corpo. Isso é chamado de *dharana*. (*Trishikhibrahmanopanishad*, seção de mantra 133-134)

Dharana é de três tipos:

1. Manter a concentração no aspecto divino do eu.
2. Manter a concentração em *akasha* (vazio) no centro *hrit* (o coração espiritual dentro do chakra Anahata com um lótus de oito pétalas).
3. Manter a concentração nas cinco formas divinas: (1) Brahma, (2) Vishnu, (3) Braddha Rudra, (4) Ishana Shiva e (5) Panchavaktra Shiva. (*Shandilyopanishad* 1.9.1)

O que quer que seja visto com os olhos, escutado com os ouvidos, cheirado com o nariz, provado com a língua e tocado com a pele deve ser considerado como o ser divino. Dessa maneira, o objeto dos sentidos deve ser transformado em ser divino e mantido na consciência. (*Yogatattvopanishad* 69-72)

A concentração no dedão do pé, no tornozelo, no joelho, no escroto, nos genitais, no umbigo, no coração, no pescoço, na garganta, na úvula, no nariz, espaço entre as sobrancelhas, no tórax e na cabeça em *kumbhaka* (suspensão da respiração) é chamada de *dharana*. (*Gandharvatantra*, cap. 5)

Manter na consciência certos pontos vitais enquanto se sustenta a respiração é chamado de *dharana*. (*Prapanchasaratantra* 19, 21-22)

A concentração nos seis centros sutis e na Kundalini (o poder enrolado) é denominada *dharana*. (*Rudrayamalatantra*, parte 2, 27, 34-35)

A concentração na forma divina inteira é *dhyana* (meditação), ao passo que a concentração em apenas um ponto por vez é *dharana*. (*Bhutashuddhitantra*, cap. 9)

DHYANA (MEDITAÇÃO)

Os olhos não conseguem ver o ser supremo, nem as palavras podem expressá-lo; ele também não pode ser alcançado pelos outros sentidos e faculdades cognitivas. O ser supremo só é revelado em *dhyana*. *Dhyana* (verdadeira meditação) somente é possível quando a consciência é espiritualizada pela pureza do conhecimento do eu. (*Mundakopanishad*, 8.1.8)

Dhyana é concentração no ser divino, que é quiescente, luminoso, puro e bem-aventurado no centro *hrit* (coração espiritual). (*Kaivalyopanishad* 5)

A concentração na forma universal de Deus, realizada pela concentração no mantra e, a seguir, pela concentração no Deus sem forma é *dhyana*. (*Darshanopanishad* 9.1-2-3-5)

Quando a concentração alcança a fase da consciência não dual (ver o ser supremo habitando cada e toda partícula), isso é *dhyana*. (*Mandalabrahmanopanishad* 1.1.9)

Dhyana é de dois tipos: (1) *saguna dhyana*, meditação em Deus como forma e atributos e (2) *nirguna dhyana*, meditação em Deus sem forma e atributos. Fazer a suspensão da respiração e a meditação na divindade é *saguna dhyana* e a meditação no ser supremo sem forma é *nirguna dhyana*. *Nirguna dhyana* leva ao *samadhi*. (*Yogatattvopanishad* 105)

Dhyana é manter, na consciência, a forma da divindade, sem interrupção. (*Prapanchasaratantra* 19.22-23)

Dhyana é a concentração na forma da divindade do mantra. (*Kularnavatantra*, cap. 17)

SAMADHI (SUPERCONSCIÊNCIA)

O estado no qual a consciência está em concentração e é iluminada pela luz divina, sem nenhum desejo, esse estado superconsciente é chamado *samadhi*. (*Annapurnopanishad* 1.48)

Por meio do controle sensorial, controle dos desejos, concentração e ascetismo, um yogin estará em *samadhi*. Em *samadhi* todo amor é dirigido para o ser supremo; a pessoa é plenamente vinculada e absorvida Nele e experimenta toda bem-aventurança Nele. A partir de *samadhi*, o conhecimento contido na palavra-forma *(pranava)* é revelado ao yogin. (*Nrisinhatapanyopanishad* 2.6.4)

O contínuo fluxo da consciência na forma de *brahman,* o ser supremo, no qual a condição de eu foi dissolvida, é chamado de *samprajnata samadhi*. Isso é atingido pela prática prolongada de *dhyana*. (*Muktikopanishad* 2.53)

A mente operando no nível sensorial é a causa principal de todo conhecimento mundano. Se a mente for dissolvida, não haverá conhecimento mundano. Portanto, mantenha a consciência fixa no ser supremo, na mais profunda concentração. (*Adhyatmopanishad* 26)

Samadhi é aquele estado no qual a consciência está apenas na natureza do objeto de concentração e é calma, como a chama de uma lâmpada em um local sem vento; aquele estado do qual o senso de ação da concentração e o senso do eu ("eu estou me concentrando") gradualmente desaparece. (*Adhyatmopanishad* 35)

Aquele estado no qual a mente está isenta de inquietude, senso do eu, prazer, dores e no qual a consciência está absolutamente imóvel como uma pedra, na mais profunda concentração, é *samadhi*. O estado no qual existe a tranquilidade é *samadhi*. (*Annapurnopanishad* 1.49-50)

Aquele estado da consciência no qual não há objetos, nem paixões, nem aversões, mas há uma suprema felicidade e poder superior, é *samadhi*. (*Mahopanishad* 4.62)

Quando a consciência alcança um estado no qual ela se torna uniforme (não dual), isso é *samadhi*. (*Amritanadopanishad* 16)

Samadhi é aquele estado no qual a consciência está na mais profunda concentração e a atenção plena torna-se unida com a suprema consciência. (*Darshanopanishad* 10.1)

Samadhi é aquilo em que o factor do eu (*ekata*) se funde na suprema consciência. (*Gandharvatantra*, cap.5)

Assim como um cristal de sal atirado na água se dissolve e se torna uno com a água, o estado no qual a unidade do factor do eu e da suprema consciência é atingida é chamado de *samadhi*. (*Saubhagyalakshmyupanishad* 2.14)

Samadhi é aquele estado no qual o factor do eu e a suprema consciência se tornam um só. É sem dualidade e pleno de bem-aventurança e nesse lugar permanece apenas a suprema consciência. (*Shandilyopanishad* 1.11.1)

Quando a consciência em concentração é perdida, isso é *samadhi*. (*Mandalabrahmanopanishad* 1.1.10)

Quando a consciência uniforme de concentração é dissolvida pela concentração em sua forma mais intensificada, permanece apenas o ser da suprema consciência. (*Annapurnopanishad* 1.23)

Quando a concentração mais profunda no *brahman* supremo também desaparece por si mesma interiormente, surge *nirvikalpa samadhi*, no qual todas as impressões latentes das sensações são eliminadas. (*Annapurnopanishad* 4.62)

Glossário

adi shakti – poder primordial ou supremo
ahamkara – "factor do eu", ego
akasha – vazio, também espaço
amrita – néctar da imortalidade
anahata nada ou *shabda-brahman* – o som cósmico não tocado
ananda – bem-aventurança
anna – alimento
apana – um dos cinco *pranas* principais
artha – segurança, significado
asamaprajnata samadhi – estado de consciência sem consciência, iluminação bem-aventurada, consciência suprema
asana – postura

bhakti – amor divino, devoção
bhoga – desfrute
bija mantras – sílabas seminais
bindu – sêmen, semente física masculina, a verdade suprema que é a semente de todos os fenômenos manifestos
bodhisattva – ser da iluminação, interessado no bem-estar dos outros
buddhi – intelecto

chit – consciência
chitta – ser, o eu perceptivo

damaru – tambor
devata – divindade
dharma – código de conduta

dhyana – meditação
doshas – humores

gandha – cheiro
gunas – qualidades

homa – cerimônia do fogo
hrit – coração

indriyas – órgãos dos sentidos e órgãos de ação

jada – não senciente
japa – repetição
jiva – o indivíduo ou eu individuado

kama – desejo
kevala kumbhaka – suspensão automática da respiração
khechari mudra – ficar no espaço entre as sobrancelhas
kosha – envoltório
kumbhaka – retenção da respiração

lila – divertimento, jogo, brincadeira
linga – órgão reprodutor masculino
loka – plano, mundo

mahabhutas – elementos densos
manas – mente
manovahi nadis – canais da mente, canais que levam energia mental
mantra – som que possibilita um estado de concentração, livre de pensamentos mundanos
mantra japa – repetição de mantras
matrikas – unidades de som, letras do alfabeto
maya – o poder de velar; a contínua existência ilusória, o fenômeno
meru-danda – coluna vertebral
moksha – libertação
mudra – um tipo específico de prática de controle muscular para ajudar na meditação

nada – puro som cósmico
nada-bindu – a vibração primordial do som de onde o universo de desenvolveu; o crescente (*nada*) com um ponto (*bindu*)
nadis – portadores da energia sutil no corpo
nirguna – sem atributos

ojas – magnetismo pessoal, radiância

padarthas – quatro objetos de realização
parama shiva – suprema consciência
prakriti – natureza primordial, estado equilibrado dos três gunas
prana – força vital
pranava – AUM
pranayama – controle consciente da respiração
pranavahi nadis – canais de *prana*, canais que portam a energia prânica
pratyahara – afastamento das percepções sensoriais

rajas, rajásico – paixão, atividade, mobilidade
rasa – sabor
rasas – emoções
rishi – vidente ou santo
rupa – forma, fogo

sadhaka – aspirante
sadhana – prática
saguna – com atributos
samadhi – não dualidade realizada, equilíbrio completo
samprajnata samadhi – concentração superconsciente
sat – verdade
sattva, sáttvico – equanimidade, leveza, pureza
shabda – som
shakti – consciência energizada
shastras – escrituras
shat chakra bhedana – ato de atravessar os seis chakras
shat karmas – seis atos de purificação
shuddha vidya – conhecimento puro
siddhasana – postura perfeita

siddhi – poderes, realizações, resultados
soma – néctar
sparsha – toque

tamas, tamásico – escuridão, torpor, inércia
tanmatra – "só isso", princípio
tanmatras – essências puras, princípios, frequências puras
tantra – consciência expandida
tapasya – austeridade ou disciplina
tattva – elemento
tattvas – verdades eternas
turiya – quarto estado de consciência, não dual, consciência transcendental

vahana – portador, veículo
vayu – ar ou vento
védico – do Veda, dos ensinamentos sagrados
vidya – conhecimento
vrittis – modificações mentais, qualidades

yantra – forma, diagrama, padrão
yoga – ato de integrar, união, desprendimento
yogin – praticante de yoga, adepto do Yoga
yoni – órgão reprodutor feminino

GRUPO EDITORIAL PENSAMENTO

O Grupo Editorial Pensamento é formado por quatro selos:
Pensamento, Cultrix, Seoman e Jangada.

Para saber mais sobre os títulos e autores do Grupo
visite o site: www.grupopensamento.com.br

Acompanhe também nossas redes sociais e fique por dentro dos próximos lançamentos, conteúdos exclusivos, eventos, promoções e sorteios.

editoracultrix
editorajangada
editoraseoman
grupoeditorialpensamento

Em caso de dúvidas, estamos prontos para ajudar:
atendimento@grupopensamento.com.br

Pensamento Cultrix SEOMAN JANGADA
GRUPO EDITORIAL PENSAMENTO